XUEXIAO HUANJING XIA
TESHUXUYAO XUESHENG
FUJU DE SHEJI YU YINGYONG

学校环境下特殊需要学生辅具的设计与应用

李怀东　李文荣　编著

华夏出版社
HUAXIA PUBLISHING HOUSE

编　著

李怀东　李文荣

编　委

李艳艳　　刘　琳　　侯立英
王晓甜　　吴曼曼　　王　炜
张　艳　　胡　可　　温　馨
刘媛媛　　张惠雯　　白　静
栗敬姗　　郝　明　　段玉娇
田　赛　　张艳丽　　许　琴
吴志慧　　张　薇

Contents

|目录

前　　言

习近平总书记在中国共产党第二十次全国代表大会上提出：我们要"办好人民满意的教育""建设高质量教育体系""促进教育公平""强化学前教育、特殊教育普惠发展"。2021年教育部等部门发布的《"十四五"特殊教育发展提升行动计划》（国办发〔2021〕60号）明确了"推进融合教育，全面提高特殊教育质量"的任务举措。2022年8月，中国残联、教育部联合印发了《辅助器具进校园工程实施方案》（以下简称《方案》），《方案》提出：要"面向所有有需求的残疾学生，结合本地实际，通过实物配发或货币补贴等形式提供基本型辅助器具①适配服务"。开展学校环境下特殊需要学生辅具的设计与应用的研究，旨在深入贯彻中国共产党第二十次全国代表大会精神，全面提高特殊教育质量，落实《"十四五"特殊教育发展提升行动计划》和《辅助器具进校园工程实施方案》，进一步提升普通教育教师和特殊教育教师教学质量和专业能力。

辅助器具是特殊需要学生克服障碍，改善功能，提高独立生

---

① 在实践中，教育工作者一般会将"辅助器具"简称为"辅具"，为了便于表达与理解，本书对此不做严格区分。

活、学习和工作能力的重要手段。专业辅具在申请配备、携带和使用上具有一定的难度，且不足以支持特殊需要学生，这是教育中亟须解决的问题。个性化辅具的设计和应用成为必然趋势。辅具既可以提高特殊需要学生学习生活的便利性和安全性，也可以提高特殊需要学生的自信心和受教育品质，同时还能体现社会的人文关怀，推进特殊教育和融合教育高质量发展。辅具在一定程度上反映了社会发展状况和社会文明程度。

朝阳区是北京市的教育大区。为满足学生的特殊教育需要，朝阳区不仅探索构建了"1+2+15+N"的融合教育支持保障体系和四级融合教育支持模式，也在不断探索多样化的支持，以提升融合教育的质量。《辅助器具进校园工程实施方案》出台后，为快速落实《方案》精神，北京市朝阳区教育科学研究院特殊教育研究中心已组织开展了系列专题培训，帮助特殊教育教师及融合教育教师学习了解了相关基础知识；还通过教研、评比、交流等活动，激励教师们为特殊需要学生自主研发设计个性化教育支持辅具，满足学生的个性化需要，促进学生在学校环境中提升社会生存技能和学业技能；同时鼓励教师们开拓原有辅具的新功能，提高辅具的适用性及推广价值。最可贵的是，在这些举措下，教师们将辅具支持概念广泛应用于教育教学活动之中，切实尊重学生差异，践行因材施教。

现将北京市朝阳区教育科学研究院特殊教育研究中心对"学校环境下特殊需要学生辅具的设计与应用"的探索、实践和感悟编写成册。感谢所有参与和支持本书编写工作的专家和教育工作者。谨以此书献给特殊教育学校和融合教育学校管理者和一线教师，希望本书能给你们以启发。让我们结缘于辅具，用辅具促进每名特殊需要学生健康成长，共同建设无障碍、公平、包容的学校环境。

北京市朝阳区教育科学研究院

特殊教育研究中心

理论篇

第一章 辅具的基本概念

一、辅具的定义

辅具即"辅助器具",也称"辅助技术""辅助科技"或"科技辅具"。

美国《辅助技术法》(Assistive Technology Act of 1998)对辅具的定义是:"指任何一个(种)为了提升或维持残疾人能力的产品、设备或系统,不管是现成的物品,还是经过改造或特殊设计的物品。"[①] 根据美国《辅助技术法》的定义,辅具包括辅助技术装置(assistive technology device)与辅助技术服务(assistance technology service)两个要素。辅助技术装置是指任何用于加强残疾人的身体功能或提高残疾人的能力的物品、部件或产品系统[②]。辅助技术服务是指任何可以直接帮助残疾人选择、获得或应用辅助技术装置的服务。它包括:(1)评估残疾人对辅助技术的需求,包括辅助技术装置的功能评估和辅助技术服务的功能评估,这些装置和服

[①] Assistive Technology Resource Centers. The Assistive Technology Act of 1998 [EB/OL]. https://atrc.org/about/the-tech-act/

[②] 刘成益.美国中小学残疾学生辅助技术工作运作模式的研究 [D].重庆师范大学,2018.

务所提供的支持与残疾人所处的日常环境相适应。（2）为残疾人提供购买、租赁等多种获取辅助技术装置的途径。（3）服务也包括选择、设计、安装、定制、调试、应用、维修或更换辅助技术装置。（4）协调和提供必要的治疗、干预或其他采用辅助技术装置的服务，如与教育和康复计划（项目）结合的服务。（5）对残疾人进行训练并为其提供技术援助，如果必要的话，还要对其家庭成员、监护人、照料者等重要的人进行训练并为其提供技术援助。（6）对专业人员（包括提供教育和康复服务的人员）、残疾人的雇主和在残疾人的生活中起重要作用的人进行训练并为其提供技术援助。

　　中国残联对辅助器具的定义是："辅助器具是指能够有效地防止、补偿、减轻或替代因残疾造成的身体功能减弱或丧失的产品、器械、设备或技术系统。包括直接选购、适当改造和量身定做三种形式。更通俗地讲，凡是能够克服残疾影响，补偿或代偿缺失功能，达到提高生活自理和社会参与能力的器具都称为辅助器具，高级到植入式电子耳蜗，普通到轮椅、拐杖以及改装的进餐具、穿袜器、系扣器等。"①

　　中国残疾人辅助器具中心对辅助器具的描述是："辅助器具是指功能障碍者使用的，特殊制作的或一般可得到的任何产品（包括器械、仪器、设备和软件）。辅助器具可以对身体功能障碍者的身体起保护、支撑作用，也可以训练、测量或代替其部分身体功

---

　　① 中华人民共和国中央人民政府.辅助技术和辅助器具的定义 [EB/OL]. https://www.gov.cn/fuwu/cjr/2009-05/07/content_2630728.htm, 2009-05-07.

能；可防止其活动受限或参与受限。功能障碍者主要包括残疾人、老年人、伤病人士。常见的辅助器具包括护理床、防压疮垫、轮椅、拐杖、助行器、假肢、矫形器、助听器、助视器等。"

总之，辅具通过工程技术手段（包括装置、服务、策略、训练等）改善功能障碍者（如残疾人、老年人、孕妇、患者、亚健康人群等）所面临的各种问题，能预防或减轻损伤，改善或避免活动参与受限，以提高他们的自理能力、社会参与能力和生活质量。

二、辅具的分类

目前，国内外对辅具的分类尚未有统一的标准。主要有以下分类方式。

1. 按辅具的使用人群分类

不同类型的残疾人需要不同的辅具。根据《中华人民共和国残疾人保障法》，残疾人被划分为八类，包括视力残疾、听力残疾、智力残疾、肢体残疾、言语残疾、精神残疾、多重残疾和其他残疾。不同类型的残疾人所需辅具的功能侧重不同，但有一些辅具往往具有多个功能，可以用在多种情境中。

老年人出于身体机能下降、有慢性疾病或康复需求等原因，在生活自理、安全防护以及提高生活质量等方面可能需要辅具的辅助。在给老年人选择辅具时，专业人员应根据老年人的具体需求和身体状况进行专业评估和适配。

活动受限者（person with activity limitations）同样需要辅具。《国际功能、残疾和健康分类》（International Classification of

Functioning, Disability and Health，ICF）指出，"残疾是一个描述损伤、活动受限和参与局限性的概括性术语"，其中"活动受限是指个体在进行活动时可能遇到的困难"[1]。长期卧床患者需要的转移辅助器具和防压疮床垫等都属于活动受限者需要的辅具。按辅具使用人群对辅具进行分类的优点是便于使用者获取所需辅具，缺点是反映不出这些辅具的本质区别，特别是许多并不局限于上述某一种人群使用的通用型辅助器具。

2. 按辅具的使用环境分类

不同的辅助器具用于不同的环境。《国际功能、残疾和健康分类》将辅助器具列为一种环境因素，并按使用环境将其分为：生活用、移乘用、通讯用、教育用、就业用、文体用、公共建筑用、私人建筑用等。该分类方法的优点是便于实践，对康复医生的参考性强，缺点也是反映不出这些辅助器具的本质区别，而且有些辅助器具，如电脑，在许多不同的环境下都可以使用，所以不能被归入某一种使用环境[2]。

3. 按辅具的使用功能分类

国际标准化组织（International Organization for Standardization, ISO）认证的《辅助器具 分类和术语》对残疾人辅具按功能进行分类，我国已采用其作为国家标准。我国现行的版本是 2016 年发布的《康复辅助器具 分类和术语》(GB/T 16432-2016)，该标准

---

[1] World Health Organization. International Classification of Functioning, Disability and Health[S]. Geneva. 2001.

[2] 朱图陵，金德闻. 辅助器具与辅助技术 [J]. 康复医学工程，2006，21（3）：252-254.

将辅具分为 12 类①，包括沟通和信息辅助器具、技能训练辅助器具、个人移动辅助器具等。

《辅助器具　分类和术语》在 2016 年和 2022 年进行了更新。2022 年发布的第 7 版将辅具分成 11 类，大致包括：

（1）个人医疗辅助器具：用于监测或评估个人医疗状况，以及支持或替代特定身体机能的辅助器具。

（2）技能训练辅助器具：用于增强技能、提高智力和社会生存能力的辅具。

（3）矫形器和假肢：矫形器用于预防、矫正和稳定肢体的挛缩畸形，改善功能障碍或代偿身体功能；假肢用于美化外观或替代肢体功能，是一种重建部分肢体缺失功能的体外人工装置。

（4）生活自理和防护辅助器具：包括用于穿脱衣物、保持个人卫生、护理失禁等的辅具。

（5）个人移动辅助器具：用于帮助个人移动或转移的辅具，如轮椅、助行器等。

（6）家务辅助器具：用于家庭日常活动的辅具，如烹饪、清洁等活动。

（7）家庭和其他场所使用的家具及其配件：用于适应使用者特殊需求的辅具，如特制的桌子、椅子、床等。

（8）通讯和信息辅助器具：用于沟通、交换资讯的辅具。

（9）产品和物品管理辅助器具：用于操作、远程控制、拿取物品的辅具。

---

① 中华人民共和国国家市场监督管理总局，中国国家标准化管理委员会. 康复辅助器具　分类和术语：GB/T 16432–2016 [S]. 北京：中国标准出版社，2016.

（10）用于环境改善的辅助器具和设备：旨在控制、修改或测量物质环境中的特定因素的产品。

（11）休闲娱乐辅助器具：旨在促进个人参与任何形式的游戏、运动或其他形式的娱乐和休闲活动的产品。

4. 按辅具的技术含量分类

随着技术的不断进步，目前也有学者将辅具按照技术含量分类。易制作、易取得且低价位的辅具被称为低技术辅具，如拐杖、沟通簿；反之，制作复杂、包含一定技术含量且高价位的辅具被称为高技术辅具，如电脑语音沟通设备[①]。

5. 按照辅具的设计目的分类

根据设计的目的，辅具可分为辅助类辅具、复健类辅具和教育类辅具[②]。辅助类辅具是协助使用者完成某项功能活动的辅助器具，通常用于日常生活，如穿袜器。复健类辅具是协助使用者学习复健技能所需的器具，如站立架。教育类辅具主要是协助使用者学习且与教育相关的辅具，如蒙氏教具等。

"辅具"的定义十分广泛，辅具的类型十分多样。本书中的辅具是指可以有效帮助特殊需要学生充分参与学校学习和社会生活的教具、学具和康复辅助器具。

三、辅具的适用范围

长久以来，公众对辅具的了解仅局限在如拐杖、轮椅等辅助

---

① 陈庆. 特殊教育学校辅具配置的探究 [J]. 中国现代教育装备，2012，(02): 61–62.
② 陈庆. 特殊教育学校辅具配置的探究 [J]. 中国现代教育装备，2012，(02): 61–62.

行动不便的人移动和行走的工具上。伴随着时代的进步、科技的发展，各式各样的辅具开始进入人们的生活。辅具能够代偿失去的功能（如假肢），补偿减弱的功能（如助听器、拐杖），提高生活自理能力（如轮椅、穿袜器），提高自主学习能力（如助视器、翻书器）等，因此辅具的适用范围较广，在医疗、教育、生活领域都有应用。

（一）在医疗中的应用

辅具在医疗，特别是康复医疗中发挥着重要作用，它为各类存在身体功能障碍的患者提供广泛的支持，包括行动辅助（如轮椅、助行器），姿态与活动支持（如矫形器、外骨骼），感官补偿（如助听器、助视器），认知与沟通辅助（如沟通板、电子辅具），以及生活自理辅助和康复训练辅助等，它们是专为辅助患者日常生活、促进患者功能恢复或弥补患者身体机能缺失而设计的设备。这些辅具不仅帮助患者提高生活质量，实现自理，还广泛应用于康复治疗过程中，加速患者康复进程，减轻医护人员的负担，是现代医疗体系中不可或缺的一部分。

（二）在生活中的应用

在生活中，人们不可避免地会遭遇疾病或意外伤害带来的损伤。人们在康复的过程中或多或少都会用辅具减少肢体损伤带来的不便。甚至当这种损伤不可逆时，辅具会发挥代偿肢体功能的作用，与使用者长期相伴。因此，最新的《辅助器具　分类和术语》（ISO 9999：2022）将辅具的定义中的"残疾人使用"（for persons with disability），改为"任何人使用"（for a person）。

现代辅具的发展使其应用早已突破"康复"的范围，在人们生活的各个方面都发挥着作用。除了残疾人和伤病人士，很多健全人在生活中也会使用一些辅具优化自身的功能。

此外，随着人口老龄化的加剧，辅具在老年人照护中的应用也越来越广泛。例如，穿衣辅助器具、进食辅助器具、洗浴辅助器具等可以帮助老年人更好地完成日常生活活动，智能防跌倒系统则可以通过检测跌倒事件和及时呼救等方式降低老年人的跌倒风险。

（三）在教育中的应用

在教育中，辅具的应用十分广泛，如多媒体教学工具、电子教育资源等能通过提供多样化的学习资源增加学生的学习参与度，减少学生因学习障碍导致的学习落后或兴趣丧失等问题。

辅具在特殊教育中也有着重要的应用。例如，对于视力障碍者，他们可以使用助视器、盲用文具等辅具帮助自己更好地学习和生活；对于听力障碍者，他们可以使用助听器、闪光门铃等辅具改善其听力状况和交流能力。

四、辅具的作用

（一）辅具的一般作用

辅具因需求而存在，被用于康复、教育、就业、娱乐等各个领域，是人们克服障碍，改善功能，提高生活独立性、学习和工作能力的重要手段。辅具一方面可以帮助个体提高个人能力，另一方面可以有助于创造无障碍环境，促进各类人群平等地参与社会、共享社会资源。具体而言，辅具的基本作用有以下几项。

预防作用：辅具的预防作用主要体现在通过提供必要的支持

和辅助，帮助个体避免或减轻因身体功能障碍导致的并发症和风险。例如，轮椅、助行器等肢体移动类辅具可以帮助功能障碍人士自主移动，从而预防长时间卧床或久坐带来压疮、肌肉萎缩等并发症；矫形器可以帮助儿童预防畸形的发生；适老辅具，如压力分散垫、体位变换辅助装置等，可以有效预防老年人出现压疮等问题。

补偿作用：个体通过使用适当的辅具改善已减弱的功能，以此克服参与活动时的障碍。如有残余听力的听力障碍者佩戴助听器可听到外界的声音。

代偿作用：当个体原有的身体功能减弱或丧失，且无法补偿时，个体通过使用适当的辅具代替原有的身体功能，从而参与活动。如双下肢瘫痪的障碍者可以用轮椅替代下肢行走。

恢复和改善作用：个体可以使用适当的辅具进行康复训练，从而恢复和改善身体功能。但这里的"恢复"并不是指医学上的"生理机能恢复"，而是参与和进行活动的"功能恢复"[①]。例如，偏瘫患者通过使用平行杠、助行器等康复训练器具进行训练，逐步恢复其行走功能。辅具在医疗和康复中发挥着代偿、恢复和改善的多重作用。代偿作用主要表现在直接替代或补偿因身体功能障碍而失去的功能，恢复作用则表现在通过辅助康复训练帮助用户逐步恢复功能，而改善作用则主要表现在优化个体的功能状态，提高其生活质量和自理能力。这三种作用相互交织、相互促进，

---

① 朱图陵，范佳进，张翔. 基于现代残疾观 ICF 和 WRD 认识辅助器具 [J]. 中国康复，2013，28（6）：471–473.

共同为功能障碍者提供全面的支持和帮助。

适应作用：设计和使用辅具有助于创造无障碍环境，从而帮助包括残疾人在内的所有群体参与活动和适应环境，如电梯里的盲文按键、无障碍轮椅坡道等。

（二）辅具对特殊需要学生的作用

特殊需要学生作为辅具服务的重要对象，有着比成年残疾人、老年人等其他群体更多方面的需求。他们作为未成年人，成长的道路还很长，辅具能够帮助他们在成长发育、学习和掌握知识技能、适应周遭环境等方面实现最大限度的发展。

1. 辅具能够成为特殊需要学生身体的一部分

很多代偿性的辅具将伴随特殊需要学生终身。使用的长期性和依赖性要求辅助器具与残疾人身体必须适配，制作材料应结实耐用、无毒无害。除此之外，辅助器具要依据使用年限定期更换，还需要随着残疾人身体情况的变化适时调整和更新[1]。

2. 辅具是特殊需要学生获得良好教育的必要工具

首先，为特殊儿童提供适宜的辅具是确保他们获得教育机会的关键。例如，为肢体障碍学生配备轮椅，使他们能够走出家门，进入学校接受教育；为重度障碍学生提供远程教学服务，确保他们也能获取知识。其次，辅具在构建校园无障碍环境中发挥着重要作用，它们帮助在校的特殊需要学生实现通行与沟通的无障碍，从而使他们在学校中获得尊重与包容。最后，多样化的辅助教学工具，包括多感官教学材料、配套的学习软件及教学平台等，不

---

① 蒋建荣. 特殊教育的辅具与康复 [M]. 北京：北京大学出版社，2012：4-5.

仅能激发学生的学习兴趣，还能调动他们的多感官参与，提高学生学习的主动性与积极性，有效帮助学生克服学习困难，进而提升整体的学习质量。

3. 辅具是特殊需要学生全面康复的工具

辅具是特殊需要学生进行包括医疗康复、教育康复、职业康复和社会康复在内的全面康复的基本设施和必要手段。特殊需要学生虽然有身体功能或身体结构方面的损伤，但也有潜能。辅具可以帮助特殊需要学生充分发挥潜能、克服障碍，改善身体功能，提高学习能力，获得学业成就，掌握就业能力和获得就业机会，参与社会生活的方方面面，独立且高质量地学习、生活和工作。

4. 辅具是特殊需要学生融入社会的媒介

长久以来，人类为了适应自然、改造自然和利用自然，创造了一些连接人与自然、个体与社会的"接口"，使个人—社会—环境构成了一个有机的、互相联系的系统。这些"接口"可以分为"硬件"和"软件"两大类，"硬件接口"如用品、器具、设备、仪器等，"软件接口"如语言、文字、措施、方法、技术等。但是我们日常生活中大部分的"接口"只适用于健全人，而包括特殊需要学生在内的残疾人等特殊群体，无法直接采用或不能采用这些"接口"。为此必须在残疾人与自然环境和残疾人与社会环境之间加上一些特殊的"接口"（即辅具），来代偿其自身的功能障碍，才能让他们平等地参与社会活动，共享社会资源。ICF强调个人因素和环境因素与残疾的发生和发展，以及功能的恢复和重建都有密切关系，其中环境因素对残疾人的康复和参与社会生活具有重要作用。例如，使用轮椅的人，只有在有坡道、升降装置等设施的无障碍环境中才能自由移动、参与活动。国际上目前已趋向于把辅助技术看作特殊需要学生进入健全人社会的"通道"（access）。辅具是特殊需要学生融入社会的无障碍媒介[①]。

五、辅具的新发展

纵观人类社会发展的长河，每一次科学技术的创新与颠覆，都给教育的方方面面带来全新的变革，推动着教育不断走向普及、公平、科学。依托人工智能赋能教育创新发展已经成为一种国际共识。人工智能系统覆盖各类教育需求，有助于提高全球教育质量，加强对教师、学生和终身学习者的支持与反馈力度。在趋势上，它从单纯的辅助教学走向重塑教育生态。在特殊教育领域，人工智能还可作为一种重要的辅助技术，其原理对辅具的发展起到极大的推动作用。

当前人工智能与教育的融合探索主要聚焦在基础教育和高等教育领域，并取得了一些成果。作为整个国民教育的重要组成部分，特殊教育与人工智能的结合也将成为教育发展的重要趋势之一。在融合教育方面，人工智能也可以提供重要支持。2022年，教育部等多部门联合推出《"十四五"特殊教育发展提升行动计划》，计划明确提出了"信息技术与特殊教育进一步深度融合"的行动目标，鼓励有条件的地方充分应用互联网、云计算、大数据、虚拟现实和人工智能等新技术，推进特殊教育智慧校园、智慧课

---

① 朱图陵，金德闻.辅助器具与辅助技术[J].康复医学工程，2006，21（3）：252-254.

堂建设，推动残疾儿童青少年相关数据互通共享，开发特殊教育数字化课程教学资源，扩大优质资源覆盖面[1]。

在特殊教育领域，人工智能技术除了能用于常规的教学，还可以用于对特殊需要学生的评估与诊断、缺陷补偿、康复训练等，从而提高特殊教育质量，促进融合教育的发展。

在**评估与诊断**方面，徐影、李怀龙和谢家奎结合学习障碍诊断的现状与方法，专家系统中专家问题求解的特点，开发了适合用于学习障碍诊断的推理模型[2]。在该模型中，用户先输入自己的病症，进入诊断推理程序，接着系统自动将输入的个人症状与专家系统中的数据库进行初步匹配，然后向用户呈现诊断结果，最后向用户推荐对应的干预治疗方法。

在**缺陷补偿**方面，人工智能辅助技术可以补偿特殊需要学生的感官缺陷，提高其感知能力，促进其进行无障碍的信息交流。例如，科大讯飞推出的特殊教育智慧课堂系统开始应用于听障学生课堂。它依托已有的多媒体教学设备，采用语音转录技术识别、采集教师的教学语言并将其实时转录成文字，投影在大屏幕设备上。智慧课堂系统提高了教师传递信息的实时性、准确性。该系统还具有实时分享转录内容的功能，学生因故不能到课堂的时候，可以远程同步获得老师的讲课内容。

---

① 国务院办公厅.关于转发教育部等部门"十四五"特殊教育发展提升行动计划的通知[EB/OL]. http://www.moe.gov.cn/jyb_xxgk/moe_1777/moe_1778/202201/t20220125_596312.htm

② 徐影，李怀龙，谢家奎.儿童学习障碍诊断专家系统的推理模型设计与系统开发[J]. 现代教育技术，2013，23（03）：105–108.

在**康复训练**方面，研究者开始使用机器人对孤独症儿童进行干预。机器人能克服人与人交流的天然障碍，有助于培养孤独症儿童的沟通与社交能力，我们可以用以下几种方式发挥机器人的干预作用：一是将机器人作为导师或教学工具，教授孤独症儿童相关技能，如音乐能力、戏剧表演能力等；二是通过使用机器人增强孤独症儿童的社交技能（包括语言交流和非语言交流）、模仿能力以及建立人际关系的能力等；三是通过使用机器人缓解孤独症儿童的行为症状和情绪问题；四是将机器人作为孤独症儿童与教师之间社交互动的平台或媒介，从而提高治疗的有效性[①]。

在**评价体系**方面，浙江省杭州市杨绫子学校创建了助力智力障碍学生个性化成长的"杨绫大脑"智能平台，学校以"让劳动教育更精准有效"为目标，开发了激励学生学习的代币系统和劳动教育评量系统，完善了学校智能化、科学化评价体系[②]。

人工智能赋能特殊教育的发展具有广阔的发展前景。但是二者的深度融合是一项长期、复杂、艰巨的任务，而且，当前存在着诸多的问题和挑战，需要多方协同、共同努力。相信在加快建立政策法规、伦理规范，努力加深特殊教育人士和企业界的沟通合作，提高教师的信息化素养能力下，这一领域会呈现良好的发展趋势。

---

① 黄荣怀，陈莺，Ahmed Tlili. 教育机器人的典型应用场景及技术治理 [J]. 中国现代教育装备，2024，(01): 1-4.

② 俞林亚. 加强新时代劳动教育，积极构建培智学校劳动育人新体系 [J]. 现代特殊教育，2022，(07): 56-58.

第二章 辅具的基本理论

一、辅具的设计理论

（一）情境理论

情境理论中的"情境"在设计学领域涉及用户与产品或服务互动的环境和场景，包括物理、社会和心理方面，有助于设计师从用户角度思考，满足用户需求，预测未来变化，使设计更人性化、更实用和更吸引人。情境理论中的产品设计需考虑四大要素："人""物""环境"与"活动"。"人"即用户，其特征、行为直接影响产品设计与用户的满意度；"物"指产品属性，如功能、外观，对用户交互体验至关重要；"环境"涉及产品使用场所，影响产品使用方式与使用体验；"活动"则是用户与产品的互动，理解用户与产品的互动有助于优化设计与预测需求。设计师需综合考量这些要素，以打造符合个体特点、需求的产品[1]，使产品易于使用，引人关注。

（二）移情理论

移情理论旨在帮助设计师了解目标用户的心理，强调在设计

---

① 任可.老年人居家养老生活类辅具设计研究 [D]. 山东建筑大学，2024：24-26.

之前，通过工具实现与目标用户的情感共通，使设计师能够从用户的视角发掘新的且必要的需求。移情的质量直接决定设计的质量。在设计给视力障碍人士的辅具时，运用移情理论，结合五感设计，可以将视障人士的需求层次化和立体化，让设计师察觉以往难以感知的细微体验，从而提升移情效果，设计出更符合他们实际使用场景和需求的产品。这种方法不仅提升了设计的针对性和实用性，还增加了设计师对特殊人群的同理心和关注度。移情理论具体可分为三个阶段：一是移情阶段，设计师对视障人士的特征和所处场景要素进行尽可能全面的模拟，单独模拟视障人士的五感，以更深入地感知他们的世界。二是感知阶段，设计师带入角色后，从五感角度进行更深入的体验。通过五感设计，设计师能够更立体地感知视障人士的需求和体验。三是抽离阶段，设计师对感知结果进行反思，输出基于五感的反馈及思考。五感设计使得抽离过程更深刻，有助于设计师提出更精准、更贴心的设计建议①。

（三）无障碍设计理念

无障碍设计是一种设计理念，强调产品或环境应易于所有人使用，无论其年龄、能力或残疾状况如何。无障碍设计原则强调辅具的易用性、可访问性和包容性。无论辅具的类型和功能如何，都需要考虑用户的认知能力、操作能力和身体条件，以确保所有用户都能方便地使用辅具。例如，助听器需要具有清晰的音质和易于操作的控制界面；屏幕阅读器则需要支持多种语言和文本格

---

① 王小举. 基于移情理论和五感设计理念融合创新的视障人士产品设计研究 [D]. 华东理工大学，2024：10-11.

式，以满足不同用户的需求。

（四）康复工程学理论

康复工程学是一门应用工程技术和方法研究如何最大限度地恢复、代偿或重建功能障碍者的身体功能的学科。康复工程学领域的重点之一是开发能够帮助功能障碍者恢复或改善身体功能的辅具。假肢和矫形器是康复工程学的重要应用领域，它们通过模拟或替代人体缺失或受损的部分功能，帮助用户恢复生活自理能力和社交能力。康复训练则通过有针对性的训练方案，帮助用户改善或恢复受损的生理功能。

（五）人类工效学理论

人类工效学是综合运用解剖学、生理学和心理学等，研究人与工作环境、工具、设备之间交互的学科。人类工效学强调优化人—机—环境系统，以提高工作效率和确保人的健康、安全、舒适感。在辅具设计中，人类工效学原则被用来确保辅具符合用户的身体尺寸、力量、耐力和活动范围，从而提高辅具的舒适性和易用性。例如，手持类辅具的设计需要符合人手的轮廓形状，以便在握持时保持适当的腕部和身体姿势，达到减轻身体荷载的效果；轮椅和助行器则需要考虑用户的身体尺寸、力量需求和活动范围，以确保使用的安全性和舒适性；矫形器则需要根据用户的身体形态和功能需求进行个性化定制，以达到最佳的支撑和保护效果。

（六）生物力学理论

生物力学是研究生物体（特别是人体）在力学作用下的运动规律及其与生物学过程和现象的相互关系的学科。生物力学原理在辅具设计中的应用主要体现在对用户运动模式和力学需求的分析上。矫形器和助行器的设计需要考虑用户的步态、姿势和力量需求，以确保其具有足够的支撑性和稳定性。康复训练设备则需要根据用户的生理特点和康复需求进行个性化定制，以达到最佳的康复效果。

（七）认知心理学理论

认知心理学是研究人类思维过程及其与行为之间关系的学科。认知心理学原理在辅具设计中的应用主要体现在对用户认知特点和需求的理解上。智能辅具和沟通辅具需要具有直观、易懂的用户界面和交互方式，以便用户能够轻松地操作并处理信息。设计这些辅具时还需要考虑用户的记忆能力、注意力分配和决策过程等因素，以确保用户能够准确地理解和使用辅具提供的信息和功能。

二、辅具的应用理论

（一）个性化与定制化理论

个性化与定制化理论强调辅具应根据用户的特定需求和偏好进行个性化或定制化设计。在辅具的应用上，我们应考虑用户的个体差异，如年龄、性别、残疾类型、残疾程度等，以确保辅具的适用性和有效性。

（二）社会模型理论

社会模型理论认为功能障碍不是由个体本身的缺陷导致的，而是由社会环境和制度造成的。社会模型理论强调辅具应适应社会环境的需求，并消除社会环境中的障碍以促进功能障碍者的社会参与。因此，在辅具设计中，设计师需要考虑用户的需求和偏好，并确保辅具能够与社会环境融合。辅具设计不仅应关注辅具的功能性和易用性，还应考虑其在社会环境中的适应性和接受度。例如，助听器需要具有隐蔽性和舒适性，以便用户能够在社交场合中自如地使用；轮椅则需要具有便携性和稳定性，以便用户能够方便地出行和参与活动。

（三）认知与行为理论

认知与行为理论强调辅具的应用应考虑用户的认知特点和行为习惯。辅具的设计和使用应易于用户理解和接受，避免造成认知负担或行为困扰。

（四）持续评估与调整理论

持续评估与调整理论强调辅具的应用应是一个持续评估和调整的过程。专业人士应定期评估辅具的使用效果，并根据评估结果进行调整和优化，以确保辅具的持续有效性和适应性。

（五）经济与社会效益理论

经济与社会效益理论强调辅具的应用应考虑其经济和社会效益。辅具的配置和使用应综合考虑成本效益、资源利用和社会影响等因素，以确保辅具的可持续性和社会价值。

第三章 适用于特殊需要学生的辅具

一、辅具对特殊需要学生的作用

辅具对特殊需要学生的作用是多方面的，涵盖了改善身体功能、提高学习效率、促进沟通交流、提高生活自理能力、促进心理健康以及提升社会参与度等多个方面。这些辅具的应用有助于特殊需要学生更好地融入社会、开发个人潜能并享受有尊严的生活。

（一）改善身体功能

1.运动康复器具：适用于有由脑瘫等原因造成的肢体障碍的学生，作业治疗和物理治疗相关辅具可以帮助学生进行肌肉训练，改善肌肉功能和关节灵活度。

2.矫形器和助行器：对于肢体障碍学生来说，矫形器可以支撑和保护关节，助行器则能提供行走辅助，有助于他们更好地移动和进行日常活动。

（二）提高学习效率

1.电子学习工具：如屏幕阅读器、语音识别软件等。电子学习工具可以帮助视觉障碍或语言障碍学生更好地获取和理解信息，从而提高学习效果。

智能笔记本和手写工具：对于手写和记录信息有困难的学生，

这些工具可以将手写内容转换为数字文本，帮助学生更好地组织和管理学习材料。

2.智能学习平台：基于人工智能和个性化教学理念，智能学习平台可以为学生提供定制化的学习资源和建议，满足特殊需要学生的个别化学习需求。

（三）促进沟通交流

1.沟通辅具：如语言辅助沟通训练仪、便携式手写沟通板等。沟通辅具可以帮助有沟通障碍的学生更好地表达自己的需求和想法，促进与他人的交流。

2.语训器具：适用于听力障碍学生和语言障碍学生。语训器具可以用来进行言语治疗、听觉干预和语言康复，从而提高学生的语言沟通能力。

（四）提高生活自理能力

1.生活辅具：如用餐辅具、穿衣辅具、盥洗沐浴辅具等。生活辅具可以帮助特殊需要学生更好地进行日常活动，提高生活自理能力。

2.环境控制辅具：通过智能设备控制家居，如灯、窗帘、空调等，专业人员可以为特殊需要学生提供更加便捷和舒适的生活环境。

（五）促进心理健康

1.增强自信心：通过使用辅具，特殊需要学生能够在学习和生活中取得更多的成功体验，从而增强自信心和自尊心。

2.减少孤独感：沟通辅具等可以帮助特殊需要学生更好地与他人交流，减少孤独感和社会隔离感。

（六）提升社会参与度

辅具的应用可以帮助特殊需要学生更好地融入社会，参与各种活动，如学校课程、社交活动、劳动教育等，从而提升他们的社会参与度和归属感。

（七）政策支持与教育公平

辅具的推广和应用还体现了国家对特殊教育的高度重视和对特殊需要学生教育权利的保障。辅具进校园等活动可以确保更多特殊需要学生借助辅具支持进入学校接受教育，实现教育公平。

二、特殊需要学生常用的辅具

（一）运动与康复辅具

运动与康复辅具有助于改善身体功能，促进运动康复，包括运动康复器具和矫形器与助行器两类。运动康复器具用于大小肌肉训练，改善肌肉功能和关节活动度，如分指板、插板、站立架、平衡杠等。矫形器与助行器用于支撑和保护关节，提供行走辅助，如上肢矫形器、下肢矫形器、助行器等。

（二）沟通与信息获取辅具

沟通与信息获取辅具可以促进沟通交流，帮助学生获取信息，包括语训器具和沟通与信息获取工具两类。语训器具用于言语治疗、听觉干预和语言康复，如言语治疗辅具、语言康复辅具、听觉干预辅具等。沟通与信息获取工具包括屏幕阅读器、语音识别软件、沟通簿、语言辅助沟通训练仪、便携式手写沟通板等。

（三）认知与训练辅具

认知与训练辅具用于提高认知能力，常用于个别训练场景，包括个别训练辅具和感觉统合辅具两类。个别训练辅具用于感知觉、认知、精细动作、情绪等方面的训练，如感知训练辅具、认知训练辅具、精细动作训练辅具等。感觉统合辅具通过刺激触觉、听觉、视觉、本体觉，促进中枢神经形成，如按摩球、平衡触觉板、脚步器、平衡木等。

（四）生活自理辅具

生活自理辅具用于协助生活自理，提高生活质量，包括生活辅具和环境控制辅具两类。生活辅具用于提供饮食、穿衣、盥洗沐浴、卫生等方面的辅助，如用餐辅具、穿衣辅具、盥洗沐浴辅具、卫生辅具等。环境控制辅具可通过智能设备控制家居，如灯、窗帘、空调等。

（五）心理支持辅具

心理支持类辅具用于疏导情绪，改善心理状态。包括心理沙盘、音乐放松椅等。

（六）电脑与技术支持辅具

电脑与技术支持类辅具用于帮助特殊学生顺利操作电脑，获取信息技术支持。学生因为肢体、感官、行动、认知或其他身体机能的缺损与限制，必须借助采用特殊的设计或调整的设备，才能像一般人一样顺利操作电脑。

除以上六类辅具外，还有其他未明确分类的辅具。需要注意的是，在实际应用中一种辅具可能会有多种功能。

三、特殊需要学生辅具的设计、使用原则与注意事项

（一）辅具的设计、使用原则

1. 科学性原则

辅具设计与使用的科学性原则是指在设计和制作辅具时应该具有明确的目标，明确辅具的使用者、主要功能、使用环境及期望达到的效果等；应该基于正确的设计理念，有相关的理论、循证研究和实践支撑；应该运用系统化、规范化的方法精心设计、整体协调，如在设计与制作沟通辅具时，应确定使用辅具期望达到的效果，充分评估学生的语言发展水平和认知水平，从而进行设计并选择制作材料等。

2. 实用性原则

在设计辅具时，应明确辅具的功能和定位，即辅具需要满足学生的何种需求或提升学生的何种能力。辅具的设计应确保其能够对学生有积极影响，并且操作简单。这样一方面便于学生理解与使用，另一方面也易于普及、推广。总之，在设计教学辅具时，我们需要充分考虑其实用性，确保它们能够满足学生的实际需求，为学生提供更好的学习和生活体验。

3. 差异性原则

差异性原则是指在设计和使用辅具时，必须考虑到特殊需要学生之间的个体差异，如他们各自的学习风格、能力水平及兴趣点等。差异化的辅具设计可以为每个学生提供个性化的学习体验，从而提高教育的有效性和质量。差异化的辅具设计不仅仅是对传统教学辅具的改良，更是对现代教育理念的实践。

4.适切性原则

辅具是用来提高、维持或改善身心障碍者能力的器具，设计与使用辅具时必须遵循适切性原则。要从不同残疾类型和不同年龄阶段的残疾学生发展的实际需求出发，根据其身心发展规律设计与使用辅具。避免出现不顾特殊需要学生的特点进行设计的现象。

5.多样性原则

一方面，特殊需要学生的需求因障碍类别的不同而有所差异，每个特殊需要学生都有其独特的需求。例如，一些学生可能在社交方面有困难，需要特殊的社交辅具；另一些学生可能在语言表达方面存在障碍，需要语言治疗和沟通辅具的支持；还有的学生可能在动作协调方面有困难，需要特殊的运动训练和辅助设备。为了更好地满足这些特殊需要学生的日常生活和学习需求，我们需要开发和提供各种用途的辅具。另一方面，特殊需要学生可能在同一时间内存在多种需求，如孤独症儿童可能同时存在沟通障碍和动作障碍，辅具的设计与使用应该多样化和丰富化，满足特殊需要学生的多方面需求。

6.及时性原则

使用辅具作为一种支持性服务，其核心目的是帮助特殊需要学生更好地适应学习和生活环境，提高他们的学习效率和生活质量。为了实现这一目标，辅具的设计和使用应该是一个长期的、动态的过程，需要根据学生的具体情况和需求进行及时的调整和优化。首先，在观察和评估学生的过程中，我们在发现学生存在某些身体上的缺陷或功能障碍时，应迅速采取措施，为学生提供适当的辅具。这些辅具的设计和使用旨在减轻或克服身体缺陷带来的不便，从而减少这些问题对学生日常生活和学习的负面影响。例如，如果我们通过观察发现学生的步态异常是由脚部支撑力不足或其他问题造成的，这时我们可以给学生提供足弓垫或矫形带，帮助学生改善步态，减少行走时的不适。其次，随着学生能力的提升或变化，原有的辅具可能需要进行相应地调整。辅具应该适应学生的发展变化。例如，随着学生肌肉力量的增强或协调性的提高，可能需要更换或调整辅具的尺寸、形状或支撑力度。最后，有些学生可能因为特定的发展需求而需要特别的支持。在这种情况下，我们应及时给学生提供专门设计的辅具，以满足学生的特殊需求。例如，对于职业高中的学生来说，他们在学习某种职业技能时，可能需要使用一些特殊设计的辅具，这些辅具与职业动作训练紧密相关，可以帮助学生模拟实际工作中的某些操作工序，或者辅助学生完成较难的工序，从而提高学习效率和技能水平。总之，辅具的使用是一种支持性服务，为学生提供辅具的过程应当是灵活、及时且具有针对性的。我们可以通过对学生需求的细致观察和评估，提供合适的辅具并对其进行适时调整，这样可以极大地促进学生的发展，帮助他们更好地面对学习和生活中的挑战。

7.人文性原则

人文性原则是指在辅具的设计与使用过程中必须充分考虑到学生的需求、情感，以人为本，关注人的尊严和独立性。首先，在设计与应用辅具时，我们应该充分观察、评估、了解特殊需要学生的身体情况、生活习惯、爱好等，设计出最适合他们的辅具。

例如，对于行动不便的人来说，一款易于操作、舒适的轮椅是非常重要的。其次，在辅具的设计与使用过程中，我们需要关注特殊需要学生的心理需求，如自尊、自信、独立等，如可以为听力障碍学生提供一款精美、舒适，并且不易被发现的助听器，让听力障碍学生可以更加自信。总的来说，辅具设计的人文性原则是一种以人为本的理念，基于人文性原则设计的辅具不仅有较好的使用效果，也能提升特殊需要学生的生活质量，让他们感受到被尊重和关爱。

8. 安全性原则

在辅具的设计与使用中最重要的一点应该是确保学生的身心安全。首先，辅具的设计与使用应考虑到学生的身体状况和操作习惯，减少不当使用导致的身体疲劳或伤害。设计时，我们应充分考虑尺寸、重量和灵活性等因素。其次，我们必须选择无毒、无害且耐用的制作材料。材料应既具耐磨性，又不产生有害物质。再次，辅具的结构设计必须确保其在任何情况下都能保持稳定，不会出现翻倒、塌陷等情况。最后，我们在设计辅具时需要考虑到相应的防护措施，如尖锐边缘等部位应设计相应的防护膜等。辅具的使用过程中教师也应当定期维护和检查，确保辅具不存在安全隐患。安全性原则可以有效保护学生在使用辅具的过程中免受伤害。

9. 经济性原则

经济性原则是指在辅具的设计与使用过程中在确保辅具安全性和功能性的基础上，考虑投入和资源优化的问题。首先，我们要切实根据特殊需要学生的需求，选择恰当的辅具。不盲目追求高成本、高技术辅具。其次，在制作辅具的过程中，我们应尽可能选择常见的、性价比高的材料，降低辅具的制作成本，提高材料的使用率。最后，我们应简化辅具设计，这样可以减少制作的成本，降低制作的难度。

10. 创新性原则

辅具的设计与使用是提高教学质量的重要手段，教师在进行辅具设计的过程中应当遵循创新性原则。首先，我们应该深入了解特殊需要学生的真实需求和发展水平，找到解决学生需求的支持点，灵活设计、巧妙构思，从而设计出易于操作、多功能以及适切的辅具，发挥辅具的最大作用。其次，我们还应提高辅具使用的舒适性和安全性，不断优化辅具的功能和学生的使用体验。最后，随着科技的发展和进步，我们应不断探索新的设计理念、材料和技术，以提高辅具的性能。

（二）注意事项

1. 观察与评估

辅具旨在帮助特殊需要学生更好地学习和适应课堂环境，在使用辅具的过程中，我们应当定期对学生的相关情况进行观察和评估，衡量辅具的使用效果。一方面，我们要全面细致地观察辅具是否真正满足了学生的相关需求，是否有助于提高学生的活动参与度，如当学生使用特殊的阅读辅助设备时，教师需要观察学生使用辅具后是否能够更流畅地阅读课文，是否能够理解阅读材料的内容。另一方面，我们还应该评估辅具带来的长期影响，如评估学生的持续进步情况，以及评估辅具在使用过程中带来的任何非预期的正面或负面效果。总之，对特殊需要学生辅具使用效果的持续观察和深入评估，可以确保辅具真正发挥作用。

2. 介入与撤除

学生的发展是动态的，辅具使用的过程也应该是动态变化的。基于对学生的各项观察评估，我们需要谨慎地处理辅具的介入与辅具的撤除。一方面，我们需要根据学生的发展水平不断调整辅具介入的场景、使用的频次、呈现的方式等，使其不断满足学生的需求并适应学生的发展，真正帮助学生提升自主性，参与学校学习与社会生活。另一方面，当学生达成某一干预目标时，我们需要认真评估学生对目标的掌握程度并思考是否撤除辅具，逐步减少学生对特定辅具的依赖。辅具的撤除过程需谨慎进行，以避免对特殊需要学生造成不必要的影响。总而言之，辅具的介入与撤除都需要基于科学的观察、评估和教师的深入思考。

案例篇

第一章　感官类辅具

在感官代偿方法中，利用听觉、触觉、嗅觉和味觉对视觉功能进行补充和代偿的方式就是视觉代偿。教师在选择辅具时，通常本着用触觉和听觉代替视觉的原则，让信息"可视化"，从而给视力障碍学生提供便利。但是低视力特殊需要学生是有一定视力的，因此教师在选择辅具时，重点要帮助学生利用现有的视力更好地提高认知，强化其他的感觉功能，从而迅速准确地感知外界事物。

下面就以一个案例具体阐述感官类辅具在实际教学中的应用。该案例来自北京市陈经纶中学分校望京实验学校的温馨老师。

案例 1　平板电脑和桌面延长板

一、特殊需要学生基本情况

（一）基本表现

小帆，女，13 岁，有视力障碍，左眼矫正视力为 0.08，右眼矫正视力为 0.08，就读于融合教育学校。

小帆是一名性格开朗、多才多艺的学生。她有着严谨的学习态度，在学习上对自己要求很高，写得一笔好字，每次都把作业完成得工工整整，让人赏心悦目。平日上课时，她总是把手举得高高的，积极回应老师抛出的问题，在书上记满笔记，办公室里也总少不了她的身影。小帆因为视力弱，看不清图片，在地理和生物的学习上很吃力，刚刚升入初中就多了两个不及格的学科。为了提升成绩，她课间搬个小凳子坐在科任老师身边，一个知识点、一个知识点地落实，回家后还要请妈妈帮忙，母女俩一个读，一个背，经过一个学年的努力，小帆这两门学科的成绩都提升到了 80 分以上。

小帆虽然有低视力障碍，但是她的学习能力很强。她的父母非常注重对她的引导和培养。因此，她在生活中接触和使用过很多辅具，如放大器、助视仪、护眼灯、防蓝光眼镜、墨镜等。但是小帆觉得使用辅具会降低阅读和书写的速度，导致很难跟上老师讲课的节奏。多数情况下，辅具只能放在家里用于学习和阅读，不能满足小帆在课上的需求。

社交情绪方面，小帆总能迅速融入新环境，以阳光般的笑容和落落大方的态度赢得同学们的喜爱。她善于通过分享自己的成长经历增进与他人的情感联系，这体现了她良好的沟通能力。她能歌善舞、多才多艺，无论是跳舞还是演奏琵琶都能惊艳四座。

在班级工作中，小帆是老师的得力助手。她热心班级事务，无论是对待值日分工还是作业检查，都一丝不苟。她与老师的情感关系深厚，总能以真挚的文字表达对老师的感激之情，让老师深感欣慰。

（二）亟须解决的问题

小帆有白化病导致的视力障碍。对她来说，学习中最大的难题就是看不清黑板和书本上的文字，更不要说辨认地图、解剖图、数学几何图上的信息了。小帆上课时只能依靠听觉接收信息，这导致她无法准确记笔记，跟不上课堂进度，考试时答不完题，甚至无法答题。根据以上情况，老师想要解决小帆看黑板和阅读文字的问题，就需要借助有放大功能的辅具。但是教室的空间有限，班级人数更是达到了 40 人，很难有充足空间为小帆安装助视仪等体积较大的辅具。而且，助视仪的对焦时间长，视域有限，不能拍全黑板和多媒体屏幕的内容，无法满足小帆课堂学习的需求。同时，老师考虑到教室电源接口有限，电源线也存在着绊倒学生的安全隐患，这就排除了使用需要插电的辅具的可能性。平日学生们还需要去专用教室上课，这就要求辅具本身轻便、易携带。综上所述，教师需要找到一种能快速、便捷地帮学生看清黑板和试卷内容，跟上大家的学习节奏，而且便于携带、好操作、节约空间的辅具。

二、辅具的设计

（一）辅具照片

图 1.1　延长板和挡板组合效果　　图 1.2　使用辅具后桌面摆放物品效果

（二）辅具用途

选择平板电脑作为视障学生的辅具遵循了以学生为中心的原则，充分考虑了学生的学习需求，帮助学生解决了学习上的困难。平板电脑的使用在满足学生基本助视需求的同时更加适宜学生的心理情况，不会引起班级中其他同学的过分关注与讨论，更好地照顾了特殊需要学生的心理感受。教室空间有限，平板电脑本身占用空间小，再配合延长板和桌面挡板，可以更好地优化空间，让特殊需要学生有更好的学习体验。平板电脑本身轻便、易携带，除了有拍照功能，还有录音等功能，可以帮助特殊需要学生记录课堂的重点内容，提升学习效率。由此可见，选择平板电脑作为辅具，遵循了因人而异、按需适配、注重实用、因材施教的原则。

（三）操作方法

学生用平板电脑的拍照功能可以快速记录黑板上的文字，然后用手指拖动照片就可以放大并看清文字内容。

学生使用平板电脑一段时间后，教师为保护学生的财产安全，避免平板电脑从桌面掉落，又给学生的课桌加设了高5厘米的半包围透明亚克力桌面挡板。

随着学习内容的增加和大字课本的使用，书桌面积不足的问题又凸显出来。于是，教师又在课桌上加设了一个可以折叠的延长板，还将桌面挡板移至延长板的边缘，以此拓展桌面的空间。学生可以根据实际需求打开或合起可折叠的延长板，节省了教室空间。延长板的圆形转角可以保护学生，避免磕碰。

（四）创新点

教师使用平板电脑作为辅具，帮助特殊需要学生课堂学习，实现了特殊需要学生和普通学生一起接受教育的愿望，保障了教育公平，体现了因材施教的原则。平板电脑配合延长板和桌面挡板的使用，极大地提升了特殊需要学生在学习过程中的幸福感，让学生可以有充足的空间，在安全的环境中安心学习。同时，青少年对电子产品很感兴趣，也能迅速掌握其功能与操作，相较于传统辅具，学生更容易接受与适应电子产品类辅具。

三、辅具的制作

（一）制作材料

亚克力挡板、延长板、平板电脑。

（二）制作步骤

将延长板固定在桌面前侧，将亚克力挡板贴在桌面和延长板边缘。

四、使用过程及效果

（一）使用初期学生表现及效果

"工欲善其事，必先利其器。"为了让视障学生融入集体，跟上同学们学习的脚步，教师选取适当的辅具是十分必要的。老师在接手班级的初期，就了解到班级中视障学生的情况，在与家长沟通后得知家长在家中购置了多种辅具，并且愿意和学校配合借助辅具帮助学生更好地学习。

最初，老师和家长商议在教室中为学生安装助视仪来帮助学生看黑板和阅读。但是当家长将助视仪带到教室后，老师发现了很多问题。首先就是电源，教室中只有一个电源插口，在教室最前面为多媒体设备供电，想要使用助视仪就需要连接电源接线板，特殊需要学生的座位在教室第二列第一排，这样，电源线就横在了同学们进入教室的必经之路上，这就埋下了绊倒学生的安全隐患，而且一旦学生被电源线绊倒，还有可能将助视仪摔落或是扯断电源线，造成财产损失。而且，助视仪体积较大，学生的课桌面积有限，安装助视仪后，剩下的空间非常狭小，不能满足学生日常学习生活的需求。从使用方面看，在拍摄黑板或课本时，学生需要反复调整助视仪的焦距，其内容才能清晰呈现，这个过程耗时较长，不适合内容丰富、进度较快的初中课堂。还有十分重要的一个因素就是特殊需要学生的心理感受。助视仪在日常生活中很少见，体积又大，在教室中非常容易引起同学们的关注，这样会给特殊需要学生带来比较大的心理压力。通过和学生本人交流，老师发现她对此也感到很担忧。经过多次讨论与尝试，老师认为助视仪不是最合适的选择。

后来，老师发现了一个在生活中常见的、便捷的且易携带的辅具——平板电脑。在课堂学习中，特殊需要学生可以用拍照功能快速记录黑板上的文字，然后用手指拖动放大照片，从而看清文字内容。平板电脑对焦速度快、像素高、屏幕大，能够满足学生高效学习的需求。学生在家将平板电脑充满电后可以使用一整天。平板电脑本身较为轻薄、便携、占用空间小，还不容易引起其他同学的关注，可以极大地保障特殊需要学生的心理健康。在平常的考试中，学校很难做到每一次都为特殊需要学生单独制版，印刷大字试卷，这时平板电脑的拍照功能就可以帮助学生看清试卷上的内容，尤其是读图题，放大后的图片依旧可以保持较高的清晰度，帮助特殊需要学生解决了一大难题。

　　找到了合适的辅具，特殊需要学生当然是非常开心的，使用了一段时间后，她明显感觉可以跟得上老师讲课的节奏了，考试时可以完成试卷了，人也更加自信乐观。随着学生对平板电脑的使用越来越熟练，老师还发现学生可以借助录音功能记录老师上课讲的重点，回家后回放录音，以便复习。平板电脑还可以把班级中的重要通知、值日小组的分工等日常信息储存起来，学生可以在需要查阅相关信息的时候，更加快速、清楚地找到需要的内容。后来，教师还发现平板电脑可以通过安装软件实现朗读功能，帮助学生完成整本书的阅读任务。平板电脑自带的输入软件还可以实现语音录入。学生在完成一些电子文档录入任务的时候，可以用语音录入功能提升录入效率。

图1.3　学生使用平板电脑学习

（二）使用中期学生表现及效果

　　但是随着辅具的使用一些问题也陆续暴露出来。由于特殊需要学生视力较弱，日常生活中经常发生文具从桌面掉落，或者书本摆放超出课桌边缘而被路过的同学碰掉的情况。学生使用平板电脑一段时间后，就出现过平板电脑从课桌上意外掉落的情况。万幸的是学生家长提前给电脑的屏幕贴了保护膜，没有造成严重的财产损失。但是为了避免类似情况再次发生，通过和家长商量，教师为学生的课桌加装了一个5厘米高的半包围亚克力挡板，以便最大限度地防止课桌上的物品掉落。为了不妨碍学生书写，老师将挡板安装在课桌的前侧和左侧，给学生留出充足的空间用于书写。透明的挡板在视觉上不会让人产生空间被压缩的感觉，让学生有较好的使用体验。这样既满足了辅具使用的需要，也可以保护学生的财产安全。安装挡板后，特殊需要学生非常开心，她激动地和老师说："老师，这样我就不怕东西掉下去了，之前一些小东西掉了我总是找不到，这样我就不用担心了！"

　　为了让特殊需要学生更专心地学习，尽量减少电子屏幕的使用时间，在区特殊教育中心的指导下，老师还给视障学生购置了大字课本，这样在阅读教材时，学生就不用借助电子设备了。

图1.4　桌面加装挡板效果

（三）使用末期学生表现及效果

大字课本配合平板电脑的使用，终于满足了学生的学习需求，但是新的问题也随之而来：更大的课本、更多的学科材料，再加上一个平板电脑，让学生的书桌更加拥挤。学生书写的空间变得非常有限。教室内学生人数较多、空间有限，为特殊需要学生安置大的书桌显然不现实，怎么做才能既扩宽特殊需要学生的书桌面积又尽可能地减少对教室空间的占用呢？老师通过反复搜索相关的关键词，找到了一个可以开合的延长板。老师将延长板加装在课桌的前侧，并让特殊需要学生坐在教室第一排。学生上课时将延长板打开，课间将延长板收起。这样不仅不会影响其他同学，还可以为学生提供更多的学习空间。加装延长板后，老师还将课桌前侧的挡板移到了延长板的边缘，这样学生就可以将笔袋、平板电脑放置在延长板上，在课桌上读书和写字。为避免学生磕碰受伤，老师选择了圆角设计的延长板。

　　平板电脑使用起来灵活、高效，极大地满足了特殊需要学生的学习需求，延长板和挡板为学生搭建了更宽敞、灵活的学习空间。三者的配合让特殊需要学生可以更舒适地学习。在老师们的引导、同学们的鼓励、适宜辅具的支持和其自身的努力下，特殊需要学生顺利完成了小学到初中的过渡，并且成绩在班级中位于中上的水平。

图1.5　延长板、挡板、平板电脑配合使用

五、反思及建议

　　通过一段时间的学习与探索，老师更加了解视障群体，关注视障学生的需求，体会他们的心境。与其说是老师通过辅具帮助特殊需要学生学习，不如说是学生对学习的热情与渴望鼓舞了老师。

作为老师，我们应该站在更好地帮助视障学生发展的角度，积极探索将各种辅具应用于视障学生的学习生活的有效方法，为视障学生的成长提供更加科学、高效的支持。每个辅具都有它的优势和不足，在使用的时候，我们一定要根据学生本人的特点及学习任务选择合适的辅具，这样才能够最大限度地发挥辅具的作用。这就要充分考虑学生的年龄、性格特点、心理状态、家庭经济情况等多方面的因素。老师要在家庭可承受范围内，在尊重学生本人意愿的前提下，选择适当的辅具。老师还要注意多种辅具的有效结合，并开发辅具的多种功能，比如，平板电脑虽好，但长时间地使用电子屏幕也会造成视觉疲劳，这种情况下就需要运用大字课本和大字学习材料，尽量减少电子屏幕的使用时间；再如，针对教室空间有限的问题，老师想要让视障学生有更多的学习空间就需要使用延长板。对于平板电脑这种具有较多功能的辅具，老师要和学生一起发现它更多的利用价值，如拍照、录音、存储、朗读、语音输入等功能，从而助力学生高效地学习。

路漫漫其修远兮，目前这些辅具在使用过程中仍存在一些问题，老师需要继续探索。一是随着科目的增加，更多的大字课本为空间利用和收纳带来了更多挑战，老师需要规划更多的并且方便取用的收纳空间。二是视障学生阅读写字时会尽可能贴近书本，长期如此，对于学生的体态发育和身体健康都会产生不良影响，老师可以为学生在有限的空间中再增添一个读写架。老师还需要在实践中不断探索这些问题的解决方法。总之，没有任何一种辅具可以一劳永逸，随着学生需求的增加，老师需要广泛涉猎，深入学习，和学生一起成长，持续为学生的学习助力。

《礼记·礼运》中提到，"使老有所终，壮有所用，幼有所长，矜寡孤独废疾者，皆有所养"。在当今这个科技飞速发展、文明大踏步前进的时代，特殊需要学生的需求更应该被关注、被满足。辅具的使用可以让他们拥有平等的学习机会，和同学一起享受学习的乐趣。

第二章　肢体动作类辅具

儿童的动作发展遵循从近端到远端、由粗大到精细的规律，因此，粗大运动发展得好，精细运动才会得到改善。抓握动作是个体最基本的精细动作，是发展写字、画画和生活自理等更复杂、丰富的技能的基础。抓握动作的发育规律包括：（1）由无意识抓握向有意识抓握发育；（2）由手掌的尺侧抓握向桡侧抓握发育；（3）由不成熟的抓握模式（全手掌抓握模式）向成熟的手指抓握模式发育；（4）由抓握物体向放开物体发育。此外，在智力障碍学生的临床症状表现中，感觉统合失调极为普遍，感觉统合失调会影响学生的感觉运动能力，如在姿势控制方面的障碍使学生无法长时间参与一个活动，在本体觉辨识方面的障碍使学生无法正常使用某些工具完成一个功能性活动等。因此，我们要结合学生的障碍特点，设计或使用适合他们的辅具。

下面就以两个案例具体阐述肢体动作类辅具在实际教学中的应用。它们分别是北京市朝阳区安华学校刘媛媛老师设计的握笔姿势和书写力度矫正辅具和张慧雯老师设计的辅助抓握带。

案例 2　握笔姿势和书写力度矫正辅具

一、特殊需要学生基本情况

（一）基本表现

小唐，女，8岁，有智力障碍，就读于特殊教育学校。小唐能点数5个以内的物品并书写5以内的数字；认识常用汉字并能书写简单的字，能阅读简单的语句；能够听懂2～3步的指令，并能配合老师较好地执行指令。小唐的粗大运动较好，她基本能完成走、跑、投的动作，难以完成跳的动作。小唐的肌张力异常，导致她的走路姿势异常、上肢活动僵硬。精细动作方面，她能完成五指伸展、拿取抓握、敲打、拍手、拧转、双手捧起等动作；能叠搭积木、串珠子、插棒、握笔写画。在握笔写画方面，小唐能握笔大范围涂鸦、仿画简单图形、在不规定范围的情况下写简单的独体字。她写的字很大，写字时笔会划破纸张。

（二）亟须解决的问题

小唐虽然有一定的书写能力，但写得并不规范。异常的肌张力、较弱的上肢控制能力、眼球运动方面的障碍等影响了她的写画能力。目前，小唐写字时会出现以下问题。

1.握笔姿势不正确。小唐不知道正确的握笔姿势，她手指的灵活性差、抓握能力不足，导致她的握笔姿势不正确。

2.写字字迹过重。小唐的写字字迹过重，写字时纸张经常被划破，严重影响教材以及练习本的使用。

3.写字字号过大。小唐在田字格内写字时容易超出田字格范围。

要想让学生做到规范书写汉字，我们不仅要让学生知道规范书写的要求，还要教学生规范书写的方法，提高学生规范书写的能力。也就是说，即使学生具备一定的认知能力，如果缺少规范书写的能力，也不能写好汉字。因此我们可以让学生使用握笔姿势和书写力度矫正辅具，通过练习逐渐具备此能力。

基于上述学生表现出的三个问题，老师决定利用握笔姿势和书写力度矫正辅具帮助学生提升书写能力，同时根据学生的需求、反馈等因素进行多次改进，使之更适合学生，提高辅具的有效性。

在学生使用辅具的同时，老师还需结合学生能力情况让学生进行上肢灵活性训练、肌肉放松训练、上肢粗大动作及手部精细动作的练习，这样学生才能逐渐摆脱对辅具的依赖。

二、辅具的设计

（一）辅具照片

1. 握笔姿势矫正辅具

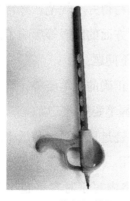 

图 2.1　指圈握笔器　　　图 2.2　三角形三点定位铅笔

图 2.3　视觉提示点

2. 书写力度矫正辅具

图 2.4　加粗加重笔

（二）辅具用途

握笔姿势矫正辅具主要用于矫正学生错误的握笔姿势，并通过各种触觉、视觉提示让学生真正掌握正确的握笔姿势。书写力度矫正辅具通过改变笔的粗细和重量，改善学生字迹过重的问题。

（三）操作方法

1. 握笔姿势矫正辅具

老师为学生选择了三种握笔姿势矫正辅具。指圈握笔器与筷子辅助器类似，学生可以将大拇指和食指放进圈里，以便将手指放在正确的位置。当学生在指圈握笔器的辅助下能写字后，老师应撤除指圈握笔器，选择三角形三点定位铅笔，让学生通过触觉体验逐渐习得正确的握笔姿势。最后，老师可以在学生常用的笔上贴视觉提示点，让学生通过看笔上的视觉提示使用笔。在整个矫正的过程中，老师需要观察学生每次握笔时的表现，当学生能用正确的姿势熟练握笔之后，便可以使用辅助力度较小的辅具。

2. 书写力度矫正辅具

当学生因手部力量不足或本体觉失调等问题而写字过轻或者过重时，老师要敏锐地察觉到问题所在，给予学生相应的辅具支持。加粗加重笔可以适应学生的写字力度，老师需要根据学生的情况适当调整笔的粗细和重量，使学生能在使用时更好地掌控。

（四）创新点

1. 取材生活化

上述辅具利用生活中常见的材料制作：各类笔、贴纸等。

2. 应用范围广

上述辅具的应用不受学生的能力水平限制。老师可以对学生进行准确且全面的评估，根据学生面临的问题和现有能力水平选择相应的辅具。

三、辅具的制作

（一）握笔姿势矫正辅具

1. 指圈握笔器

（1）制作材料：一支笔、指圈握笔器或超轻黏土。

（2）制作说明：对于手动作不可控的学生来说，老师可以购买指圈握笔器并将其套在铅笔上，如图 2.1 所示，对于手指协调能力较好的学生，老师可以依照图 2.1 的样子，用超轻黏土自制指圈握笔器。

2.三角形三点定位铅笔

（1）制作材料：直接购买。

（2）制作说明：老师可以直接购买三角形三点定位铅笔。三角形三点定位铅笔的横截面呈三角形，三面均有凹凸的设计，可以为学生提供触觉、视觉方面的提示。

3.视觉提示点

（1）制作材料：一支笔、小贴纸。

（2）制作说明：用颜色鲜艳的小贴纸在笔上标注正确的握笔点位，给学生以视觉提示，如图 2.3 所示。

（二）书写力度矫正辅具

1.制作材料

一支加粗笔、橡皮泥。

2.制作说明

老师需要先购买一支加粗笔，然后在笔杆顶端粘上橡皮泥，以此增加笔的重量。这种方式可以弥补学生在本体觉和触觉方面的缺陷，从而帮助学生完成书写。

四、使用过程及效果

基于辅具的特点及学生的情况，老师为学生制订了三个短期目标，开展了为期三个月的干预，老师通过家校合作的方式，为学生提供每周 5 ～ 6 天、每天 10 ～ 30 分钟的书写干预，以及每天 20 分钟的上肢动作练习机会。整个干预过程为期三个月，分为初期、中期、末期三个阶段，三个阶段内，每天的书写干预时间分别为 10 分钟、20 分钟、30 分钟。

（一）使用初期学生表现及效果

1. 家庭干预计划

（1）干预内容：①通过抚触按摩放松肌肉，改善学生肌张力异常的问题，使其在进行功能性活动时能适当放松上肢。老师可以提前告知家长按摩手法，也可以让家长跟着老师录制的视频帮助孩子放松上肢。②家长让孩子使用指圈握笔器在纸张上仿写简单的独体字。过程中，家长可使用行为管理策略，如强化策略和代币制，促进孩子的积极性。

（2）干预时间：每天进行 20 分钟的上肢放松按摩和 10 分钟的书写练习。

（3）使用辅具：指圈握笔器、加重加粗笔。

2. 学校干预计划

（1）干预内容：上肢甩甩操、手指弹琴游戏、使用辅具书写。老师可以运用代币制督促学生自主完成练习。

（2）干预时间：每天进行 20 分钟的上肢动作练习和 10 分钟的书写练习。

（3）使用辅具：指圈握笔器、加重加粗笔。

3. 学生表现

在对学生进行上肢抚触按摩的时候，学生很喜欢、很享受，但在使用辅具进行书写练习时，学生一开始兴致很高，之后产生了逃避情绪，并在完成后说太累了。

图 2.5　学生使用指圈握笔器

4. 效果及反思

一开始，学生在粗糙质地的纸上书写，因为用力过度，总是把纸划破。之后学生能一笔一画地在纸上书写，虽然字迹大部分过重，但基本上可以做到不划破纸张。最后，在老师的提示以及上肢放松训练的帮助下，学生的上肢稍显放松，不过于僵硬。值得反思的是，过于重及粗的笔和质地粗糙的纸张给学生带来了较大的压力。因此，我们还需要对辅具使用过程进行适当地调整。

（二）使用中期学生表现及效果

1. 家庭干预计划

（1）干预内容：①增加精细动作训练，如抓沙子、豆子、大米、面粉等。②让孩子使用三角形三点定位铅笔在纸张上仿写简单的独体字。

（2）干预时间：每天进行 20 分钟的上肢动作练习和 10 分钟的书写练习。

（3）使用辅具：三角形三点定位铅笔、加粗加重笔。

2. 学校干预计划

与家庭干预一致。

3. 学生表现

在使用中期，学生对精细动作训练很感兴趣，并能积极地参与其中，且能超额完成任务。学生也逐渐适应了使用辅具进行书写，并很喜欢老师准备的各种笔和纸，书写情况有了明显的进步。

4. 效果及反思

学生在使用辅具的情况下可以在 3 厘米见方的田字格内书写。在干预中期，学生在老师的引导下熟悉了整套干预流程，并能够理解辅具可以让她把字写得更漂亮。因此，学生在干预中期表现得比较积极，这也给干预提供了很大的便利。对于干预初期学生表示累的问题，在干预中期老师根据学生的感受对辅具进行了调整。一开始效果很好，后来，老师发现学生还会表示累，老师担心频繁调整辅具会影响学生的训练效果，因此老师综合考虑学生当下的感受与学生之前表示累的练习时长，以此决定是否调整辅具。除此之外，学生放松上肢的活动过于单一，老师又设计了一些活动，增加了学生和家长的积极性。

（三）使用末期学生表现及效果

1. 家庭干预计划

（1）干预内容：①增加"上肢游泳"活动来放松肌肉。②增加了用手指捏豆子、大米、面粉等精细动作训练。③使用视觉提示点帮助学生仿写简单的独体字。

（2）时间：每天进行 20 分钟的上肢放松活动，每天进行 15 分钟的书写练习。

（3）使用辅具：视觉提示点、2 厘米见方的田字格。

2. 学校干预计划

与家庭干预一致。

3. 学生表现

学生对"上肢游泳"活动很感兴趣，并能较为放松地完成。学生能较为流畅地完成书写练习。

4. 效果

学生能在视觉提示点的帮助下正确握笔，能在 2 厘米见方的田字格内书写独体字。学生的书写力度有改善，虽然学生在书写时还有些用力，但不会用笔划破纸张，学生基本达成了老师制订的目标。

五、反思及建议

（一）家校合作促成效

在使用辅具干预的过程中，家校合作特别重要。书写这一功能性活动在学校和家庭中都会出现。因此，老师在干预之前要与家长进行较为细致的沟通，沟通内容主要包括：学生目前的情况、需要使用何种辅具、使用辅具的目的。在这个过程中，家长的态度很重要，当家长表示愿意配合的时候，老师可以给家长介绍提前制订的干预计划，以便进行后续的干预。在整个干预过程中，老师要与家长保持密切的联系，适时地调整活动与辅具。辅具的应用不应局限在学校环境中，只有这样，孩子才能在家长和老师的帮助下更快地成长。

（二）适时调整辅具

使用辅具支持书写没有固定的规律或时限。使用过程中，老师需要观察学生的表现（行为、表达、表情动作）并对辅具进行调整。这也是在干预初期老师遇到的尤为困难的问题之一。

（三）遵循特殊教育规律

在查找资料的过程中，我们不难发现，没有不经调整就能用在特殊需要学生身上的教学方法。辅具也是如此，老师不能简单地把普通教育学校的教具、学具直接作为辅具使用，也不能凭借一般的资料和经验开发辅具。老师必须从学生的认知规律、障碍特点以及学习习惯出发，对辅具进行设计或改造，使教学活动更加直观、更加有趣。

案例3 抓握辅助带

一、特殊需要学生基本情况

（一）基本表现

小哲，男，8岁，肢体及智力多重残疾二级，就读于特殊教育学校。

小哲具备一定的学习能力，但有斜视问题，无法追视物体，注意力较分散，对音量大、嘈杂的环境反应过度，对触摸和挤压感反应不足，能听懂常用语言并做出适当回应，能主动、清晰、完整地表达自己的意愿、需求。

小哲有脑瘫，粗大运动能力较差，使用轮椅出行，上课时需要使用摆位椅及站立架。精细运动方面，小哲能抓、放、摆小件物品，但无法完成需要手眼协调的任务，如取放、按压、嵌插等，也无法独立使用笔、剪刀、勺子、碗及牙刷等工具。

社交情绪方面，小哲能与家人和老师进行简单交流，但与同伴基本无互动。小哲有情绪行为问题，在受到惊吓（如听到关门声、尖叫声等）或逃避任务时会出现大叫、哭喊、重复说无意义的语言等行为，多数情况下，小哲能够在老师的安抚及强化物的影响下逐渐稳定情绪并配合老师完成任务，少数情况下，老师需要将小哲带离教室进行安抚。

（二）亟须解决的问题

小哲具备一定的认知能力，情绪平稳时能较好地完成部分学习任务，但由于小哲在粗大/精细动作和感知觉方面存在障碍，其肌张力较高，上肢控制能力较弱，手眼协调能力较差，不具备使用勺子这一生活自理技能。

但是小哲具备使用勺子就餐的意识，有一定的手部控制能力及抓握能力，能够使用勺子完成舀的动作并将勺子移动到嘴部。小哲在情绪状态平稳时，能听从指令、表达自己的基本感受、与老师进行简单的交流。小哲对触摸反应不足，不排斥使用辅具。因此，小哲适合使用抓握辅助带练习独立使用勺子就餐。

二、辅具的设计

（一）辅具照片

图 2.6　全手掌抓握辅助带

图 2.7　双指抓握辅助带

（二）辅具用途

为解决小哲不会使用勺子这一自理问题，帮助小哲掌握正确的抓握姿势及位置、延长抓握时间、增强抓握稳定性，老师依据小哲的能力水平和兴趣特点，并结合现实条件设计了抓握辅助带，一种是全手掌抓握辅助带，包括皮筋版和松紧带版；另一种是双指抓握辅助带，包括三根皮筋版和两根皮筋版。

小哲具备一定的抓握能力，但抓握姿势异常、抓握位置不当、抓握时长短及抓握稳定性不足，老师基于抓握动作发育规律，让小哲先使用全手掌抓握辅助带，然后使用双指抓握辅助带，帮助小哲改善、提高抓握能力，练习抓握方式，最终掌握正确的抓握姿势及位置、延长抓握时长、增强抓握稳定性，从而促进生活自理、精细动作和认知等能力的发展。

（三）操作方法

1.了解学生抓握动作现状。

2.确定使用辅具的类型、训练时间及训练内容。

3.根据学生使用效果及感受，及时调整辅具。

（四）创新点

1.取材生活化

本辅具由生活中常见的物品制成：皮筋、松紧带等。

2.制作个性化

老师能够根据学生手部大小及使用体验，随时调整辅助带的松紧、宽窄等，同时能够结合学生的喜好，增加个性化的设计及装饰，如制作时使用学生喜欢的颜色、做成后粘贴学生喜欢的物品作为装饰等，在一定程度上增加学生的接受度。

三、辅具的制作

（一）制作材料

皮筋或宽窄、颜色不同的松紧带，学生喜欢的装饰物（固定在抓握辅助带上）。

图 2.8 皮筋及松紧带

图 2.9 学生喜欢的装饰物

（二）制作步骤

1. 全手掌辅助抓握带（以松紧带版为例）

（1）将松紧带与两根皮筋通过打结的方式连接在一起。

图 2.10 松紧带与皮筋连接图示

（2）分别将松紧带两端的皮筋绕在勺柄的顶端和底端，并根据学生的喜好装饰抓握辅助带。

图2.11　松紧带固定在勺柄上

（3）学生手背向下，将手指穿过中间的松紧带和勺子之间的空隙，手指弯曲抓握勺子。老师帮助学生调整松紧带两端的位置，使之贴合手部。使用一段时间后，老师可以根据学生的需求及使用体验调整松紧带的宽度。

2. 双指抓握辅助带（以两根皮筋版为例）

（1）将两根皮筋通过打结的方式连接在一起。

图2.12　两根皮筋连接图示

（2）将一根皮筋绕在勺柄中间偏上位置。

图 2.13　一根皮筋固定在勺柄上

（3）学生将勺柄放在虎口处，将另一根皮筋绕在食指上，大拇指与食指捏合握住勺子。老师帮助学生调整皮筋及手的位置，使之更适宜学生使用习惯。

（4）老师根据学生的需求及使用体验调整松紧程度。

四、使用过程及效果

基于辅具及学生的情况，老师制订了为期三个月的干预计划，具体实施过程如下。

（一）使用初期学生表现及效果

老师要求学生在每天的三餐时间用全手掌抓握辅助带进行 30分钟的抓握练习。

在使用辅具练习的初期，小哲对辅具抱有新鲜感，能够在老师及家长的帮助下在就餐全程使用辅具。使用过程中，小哲能够通过辅具掌握正确的抓握位置，但经常会中途松开手，由于辅具的支持，勺子不会掉落。小哲使用辅具几天后，开始产生抵触情绪，每次使用时均会用哭闹、肌肉紧缩、身体僵直的方式抵抗，在就餐过程中基本不会佩戴辅具。

通过观察，老师发现制作辅具时采用的皮筋较细，对手背的压力比较大，而且对于小哲来说也有一些紧，小哲使用辅具后，手背上会留下一道较浅的勒痕。这可能是小哲产生抵触情绪，不愿佩戴辅具的原因。另外由于皮筋与手部的接触面在手背，对手指起不到固定作用，小哲在抓握勺子时总会松开手。基于此，老师对辅具进行改进，依据小哲的手掌围度，截取长度适合的、较宽的松紧带，打结成圈后将两头与皮筋两两相连，固定在勺子上。这样，宽松紧带既能起到固定手指的作用，也能增加受力面积，减少对小哲手掌的压力。改进后，小哲虽还有一些抵触情绪，但能在老师及家长的安抚下佩戴辅具并全程握紧勺子。

图2.14　全手掌抓握辅助带（皮筋版）使用照片

（二）使用中期学生表现及效果

使用中期，老师仍要求小哲在每天的三餐时间进行30分钟的全手掌抓握练习。不同的是，老师将皮筋版全手掌辅助抓握带改为了宽松紧带版。

一段时间后，小哲已经能逐渐适应在就餐全程佩戴辅具。由于宽松紧带的松紧度较强、与手背的接触面积较大，使用过程中能更好地固定手指，因此小哲能够通过辅具掌握正确的抓握位置并进行抓握练习。另外，老师通过观察发现，小哲使用勺子的稳定性有一定的提高。但在练习过程中，小哲的积极性不高。

老师针对小哲使用辅具的积极性问题对辅具进行改进。老师用小哲喜欢的小花装饰松紧带，以此增强小哲的兴趣。同时，老师还调整了松紧带的松紧度，让小哲能够在一定程度上活动手指，以便检验小哲是否能够全程自主抓握、不随意松手。

装饰辅具后，小哲能够对辅具产生一定兴趣，会主动与教师或家长交流装饰物相关话题或要求更换装饰，小哲使用辅具的积极性明显提升了。

图 2.15 全手掌抓握辅助带（松紧带版）使用照片

调整松紧度后，小哲能够在一定范围内活动手指，且基本不会随意松手，能够在就餐全程握紧勺子。

基于此，老师尝试撤除辅具。老师通过观察发现，小哲基本能够掌握全手掌抓握，虽然在就餐过程中偶尔会松手，但基本能够握住勺子的正确位置，全程稳定抓握。

（三）使用后期学生表现及效果

小哲基本掌握全手掌抓握之后，老师开始训练小哲的双指抓握技能。老师将三根皮筋两两连接在一起，一根绕在勺柄中间偏上位置，一根绕在小哲的食指上，一根绕在拇指上，以此辅助小哲完成双指抓握。

老师要求小哲在每天的三餐时间用新的辅具进行 30 分钟的双指抓握练习。

小哲能够比较顺畅地接受并使用双指抓握辅助带，且能够用双指握住勺子的正确位置，全程抓握较稳定。

因此，老师将三根皮筋减少为两根。连接后，一根绕在勺柄中间偏上位置，一根绕在小哲的食指上，小哲需要自主运用拇指完成双指抓握。

调整后，一开始小哲的大拇指会不时抬起，经过老师及家长的提示，小哲基本能够全程控制大拇指，抓握勺子的正确位置且全程抓握较稳定。

图 2.16　双指抓握辅助带使用照片

五、反思建议

（一）注意事项

1. 注重个性化定制

在制作及使用这类辅具时，老师要以学生为中心，根据学生的个别差异及需求进行个性化的定制。在选择辅具的材质和形态时，老师需要充分考虑不同学生的需求及使用情况。在此基础上，老师可以根据学生的兴趣改进辅具，如将学生喜欢的装饰物固定在辅具上，以提高学生使用辅具的主动性及积极性。

2. 注意及时观察和改进

在辅具使用过程中，老师要根据学生的使用感受及时改进辅具。在本案例中，老师发现学生有抵触情绪时，通过观察发现可能是辅具材料的问题，因此及时进行更换，将皮筋改为松紧带。老师还要在每次调整辅具前后评估学生的使用效果，确定调整是否合适。

（二）使用中的不足

虽然这类辅具在提升小哲的抓握能力方面起到了积极作用，但在使用时仍有一定局限性。

1. 学生抵触辅具

虽然小哲触觉反应不足，但是在使用皮筋时他还是因皮筋过紧出现抵触情绪，无法佩戴使用辅具，教师将辅具更换为松紧带，他才继续进行练习。触觉反应过度的学生可能连宽松紧带也无法接受，也就无法使用这类辅具。

2. 自主发力受限，依赖辅具

这类辅具适合有一定抓握能力，需改善、提高抓握能力的学生使用。对于完全无抓握能力的学生来说，这类辅具会限制学生自主发力，可能会导致学生形成依赖，出现无法脱离辅具的情况。同时，对于有一定抓握基础的学生来说，这类辅具可能会导致他们出现难以从全手掌抓握过渡到双指抓握的情况。

3. 全程陪同难实现，使用效果受影响

学生在使用这些辅具时需要一人全程陪同。若家长陪读，家长即可进行提示及辅助。若家长无法陪读，老师则需要进行辅助。但无论是午餐时间还是集体教学时间，现实条件下学校均不能保证一名老师全程陪同并提示。因此，学生会出现摘掉辅具的情况，老师也会出现观察、评估不到位等情况。

4. 辅具的使用受学生兴趣影响

提高学生使用辅具的兴趣及积极性也有一定难度。如果学生的兴趣点是具象的，老师可用学生感兴趣的形象对辅具进行装饰以吸引学生。若学生喜欢的是听音乐、看动画片等活动，老师就难以提高学生对辅具的兴趣。老师可以尝试使用不同颜色或是带花纹的皮筋、松紧带，尽可能提升学生的兴趣。

（三）使用延伸

老师可根据学生的需求，对辅具的材质和形态进行改造，将其应用于除勺子外的其他物品上，如牙刷、水彩笔、铅笔、扫把等。但需注意的是，在将辅具应用于牙刷、水彩笔、扫把等工具时，老师需结合具体的策略及方法进行教学，这类辅具仅能辅助学生抓握上述工具。

第三章　沟通类辅具

扩大和替代沟通（Augmentative and Alternative Communication，AAC）指任何能够帮助一个人提高沟通能力和效率的设备、系统或方式。AAC能帮助有需要的人表达自己的需求和意见，并且提高语言、读写和阅读能力。AAC可分为无辅具的AAC和有辅具的AAC。其中，无辅具的AAC不需要任何外在的沟通装置，即使用非辅助性沟通符号促进表达性沟通的产生，如手语、指拼法、面部表情、手势、身体动作、符号语言等；有辅具的AAC需要系统利用额外的辅助工具，根据辅具的技术含量多少，有辅具的AAC又分为低技术和高技术两类。

图片交换沟通系统（Picture Exchange Communication System，PECS）是一种沟通的技术，是扩大和替代沟通的一种重要的形式。它有效地结合了其他以循证实践为基础的干预方式，如差别强化、自然情境干预等。完整的PECS干预分为六个阶段，包括：（1）以物换物；（2）拉远距离和增加自发性；（3）图片辨别；（4）句式结构；（5）回应"你想要什么"；（6）评论[①]。PECS的六个训练

---

　　① Bondy A S, Frost L A, The picture exchange communication system[J]. *Focus on Autistic Behavior*, 1994, (3):1–1919.

阶段不断递进、深入，后一阶段任务的实现以前一阶段或前几个阶段的训练为基础。判断图片交换沟通系统的适用对象的流程如下。

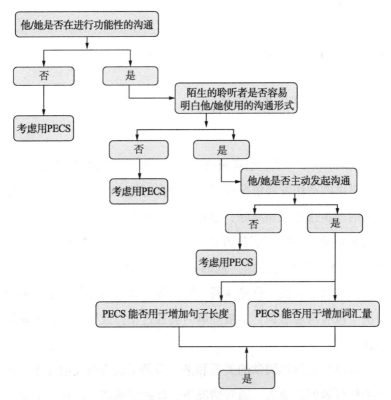

图 3.1 判断学生是否适合用图片交换沟通系统的流程

下面就以四个案例具体阐述沟通类辅具在实际教学中的应用。他们分别是北京市朝阳区安华学校的白静老师、李艳辉老师、齐飒老师为一名 7 岁孤独症学生设计的图片沟通本；北京市朝阳区北辰福第幼儿园的栗敬姗老师为一名 6 岁重度孤独症学生设计的用于进餐活动的图片交换沟通卡；北京中学第二分校的郝明老师为一名11岁多重障碍学生设计的沟通板；北京工业大学附属中学新升分校的段玉娇老师为一名8岁孤独症学生设计的语言表达提示板。

案例 4 图片沟通本

一、特殊需要学生基本情况

（一）基本表现

琪琪，男，7岁，有孤独症，目前就读于特殊教育学校。

琪琪的动作发展情况较好。在语言理解方面，他能理解数个简单的一步指令，如问好、起立、背书包等，不理解抽象的词语和故事情节。在语言表达方面，他几乎无口语，只能仿说"ma""bye"。在沟通能力方面，他的沟通方式有限，不能被他人有效理解。他通过拉拽、目光注视、哭闹等方式表达意愿。他在多数情况下没有沟通意识，不被理解时会通过拍打或哭闹的方式发泄不满。

琪琪与老师和同学的关系和谐，但是琪琪不会发起互动，也不能较好地回应他人。通常情况下，他的情绪状态较好，但是当需求不被满足时，他会出现前文所述的问题行为。

（二）亟须解决的问题

琪琪的主要问题在于没有功能性的沟通，没有建立适合的沟通模式。老师需要帮助他找到适合的沟通辅具辅助其表达。

二、辅具的设计

（一）辅具照片

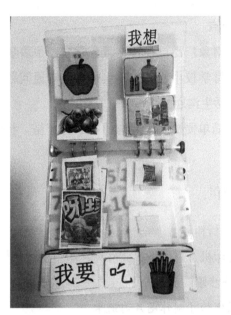

图 3.2　图片沟通本

（二）辅具用途

本辅具旨在帮助没有功能性沟通的孤独症儿童，建立适合的沟通模式，进行简单的日常表达。

（三）操作方法

阶段一：教学生用一张照片或图片交换一个想要的物品。

阶段二：教学生从沟通本上取下他想要物品的照片或图片，并交给老师。

阶段三：当学生喜欢的东西的照片或图片与学生不喜欢的东

西的照片或图片并列放在一起时，教学生选出他喜欢的东西的照片或图片。

阶段四：教学生用"我要……"造句。

（四）创新点

（1）适用对象广泛。在特殊教育学校，很多学生存在沟通障碍，在普通教育学校中，有些学生也存在沟通问题，图片沟通本可以帮助这些学生沟通。

（2）制作简单便捷。图片沟通本取材容易，制作简单，方便易行。

三、辅具的制作

（一）制作材料

电脑、打印机、打印纸、文件夹、塑封机、塑封膜、魔术贴。

（二）制作步骤

1. 确定强化物并制作图片沟通卡

图片交换沟通系统是用图片向对方换取想要的物品。因此，在干预之前，老师需要明确适用于学生的强化物，包括食物、玩具及活动。使用图片交换沟通系统进展到一定阶段后，老师还需帮助学生提高对图片的区辨能力，因而还需要调查学生最不喜欢的食物、活动等，确保学生能够在喜欢与不喜欢的食物、活动中选出能够表达意愿的图片，提高学生对图片的区辨能力。

确定好学生喜欢和不喜欢的物品、活动后，就到了制作图片环节。在制作图片时，老师可以根据学生的认知能力拍实物照片，也可以从网上下载图片。然后老师将图片或照片打印出来，打印时需根据学生的能力确定打印图片的尺寸，一般大图边长为 9 厘米左右，中图边长为 6 厘米左右，小图边长为 2.5 厘米左右。

2. 塑封和剪切图片。为了让图片经久耐用，老师要使用塑封机对打印好的图片进行塑封。

3. 粘贴魔术贴。在图片反面和沟通本内页上贴魔术贴。一般我们把魔术贴勾面贴在沟通本内页上，毛面贴在图片反面。

4. 根据需要增加"句子条"。建议用活页文件夹作为沟通本，这样老师可以根据学生的需要随时增添内页。在阶段四的训练中，老师要在学生的本子上增加"句子条"。最好使用长度适宜的、坚固的塑料片或卡纸板制作句子条，以便在上面粘贴 2 张或更多图片。

四、使用过程及效果

老师综合考虑琪琪的认知水平及干预时间，用图片交换沟通系统对其进行干预。

（一）使用初期学生表现及效果

经过调查，老师发现琪琪喜欢的物品有香蕉、薯条、鲨鱼玩具等。这些物品也适宜作为强化物出现在课堂上，因此老师将它们选定为强化物并在此基础上制作了沟通本。

老师将干预时间定为每天半小时，进行 10 次尝试。如果学生在连续两天的干预中通过率都达到 80%，即可进入下一个阶段的干预。

一开始由两位老师教学生。甲老师和乙老师分别坐在学生的前面和后面，甲老师和学生之间有一张小桌子。在刚开始练习时，乙老师为学生提供肢体辅助。如果乙老师坐在学生的后面进行协助有困难，也可以坐在学生的旁边。此阶段乙老师不使用口语提示。

甲老师将图片或照片以及学生最喜欢的东西放在桌面上（学生能拿到图片或照片但拿不到自己最喜欢的东西）。当学生要拿他最喜欢的东西时，乙老师抓住学生的手，引导他去拿图片或照片，并放在甲老师张开的手掌上。甲老师给出社会性赞美（如"好棒"或者"我知道你想要糖果"），且将学生想要的东西给他。

乙老师应逐步撤除辅助，直到学生能自己完成整个图片交换过程。此外，在干预的所有阶段，老师都要给学生提供和不同沟通者互动的机会，以帮助学生泛化。

图 3.3　学生把图片或照片拿起交给老师

逐渐地，老师要求学生从沟通本上拿下图片或照片，然后交给老师。当学生成功地将图片或照片交给老师时，老师将图片或照片上的东西给学生，同时给予学生社会性赞美。

学生在从沟通本上拿下图片或照片交给老师的过程中也许需要身体动作上的协助。给予辅助的乙老师应有意识地逐渐撤除辅助。

刚开始，甲老师坐在学生的对面，但随着训练的进行，甲老师逐渐远离学生。学生从沟通本上拿下照片，并且走到甲老师那里以获得他感兴趣的物品。

（二）使用中期学生表现及效果

使用中期，老师要将学生喜欢的物品的图片或照片与不喜欢的物品的图片或照片并列放在一起，学生需要选出他喜欢的物品的图片或照片。如果学生选出了他喜欢的物品的图片或照片，老师就给他喜欢的物品和社会性赞美。如果学生选择的图片或照片是他不喜欢的物品，老师可以把他选择的物品给他，但不给予社会性赞美。

最后，老师在沟通本上增加更多的图片，包括学生喜欢的和不喜欢的。通过这种方式，学生学会了从许多照片中选出他想要的物品。

（三）使用末期学生表现及效果

学生能够独立将代表"我要"的字卡与自己感兴趣的物品的图片或照片放在句子带上，然后把句板给老师，完成兑换。具体操作过程如下。

1.在"我要"的字卡背面贴上魔术贴。在字卡上放一张表示想要东西的图片或照片，如一张小孩伸出双手的照片。

2.在小一点的板子上贴上一条长的魔术贴，用来放"我要"

的字卡及学生想要的物品的图片或照片。这条带子被称为句子带，放句子带的板就被称为句板。

3. 老师将"我要"的字卡粘在句子带上，教学生将他想要的物品的图片或照片放在"我要"字卡的旁边，组成句子，然后将句板交给老师。之后，学生就会同时得到想要的物品及社会性赞美。

最终学生能够自行将"我要"的字卡粘在句子带上，并将他想要的物品的图片或照片放在旁边，组成句子，然后将句板交给老师。之后，学生同时得到想要的物品及社会性赞美。

图3.4　学生用句板兑换到喜欢的薯条

历经一年的时间，琪琪顺利完成了阶段一到阶段四的干预。琪琪已经能够在有表达需求时，通过图片表达意愿。具体体现在以下几个方面。

第一，提高了表达的主动性。琪琪以往几乎没有主动表达，一般均为被动应答。在偶尔进行需求表达时，琪琪也只是通过拉拽的方式进行，当其意愿不被理解时，他会通过拍打物品的方式发泄情绪。通过图片交换沟通系统，琪琪能够变被动为主动，有效表达自身需求。在学校，琪琪能够自主表达吃水果和零食的需求，在家庭中，琪琪能够自主表达吃饭和如厕的需求。

第二，提高了沟通效率。琪琪借助图片，能够向他人准确传达信息。琪琪的内在需求通过外显的图片或照片呈现出来。图片或照片不同于琪琪固有的手势语言或者行为表现，能够传达出更准确的信息，从而提升了琪琪的沟通效率。

第三，改善并增加了需求表达方式。琪琪以往会通过拉拽沟通者的方式表达对某一物品的需求，这种表达方式有很大的局限性。有时，如果沟通者没有正确理解他的意愿，他会爆发情绪，以此表达不满，这样的表达方式是不适当的。图片交换沟通系统帮助琪琪有效改善并增加了表达需求的方式。

五、反思及建议

在本案例中，学生认知基础很薄弱。起初，老师和家长不知道学生认识的图片的数量，并且学生非常抵触传统的图片认知学习。通过图片交换沟通系统，学生在自然沟通的过程中提高了认知能力，在三个月的时间里，学生认识了约 10 张图片，认知的速度也在提高。这种方式开启了学生图片认知学习的新模式。

学生已经能够在一对一的课堂和家庭中使用图片交换沟通系统，今后老师还需帮助学生扩大图片交换沟通系统的使用范围，使学生能逐步将其应用到其他各种情境中。

此外，在建立图片交换沟通模式的初期，学生使用图片沟通本能够较快、较好地建立沟通模式。今后，老师要逐渐引入平板电脑等高技术辅具，尝试将图片沟通本转化为平板电脑。平板电脑相对于图片沟通本的优势在于能够存储大量的图片，还可以灵活增减图片，另外平板电脑上的沟通软件可以为学生提供语音支持，平板电脑也方便学生携带和使用。

案例5 图片交换沟通卡

一、特殊需要学生基本情况

(一)基本表现

小熊，男，6岁，有重度孤独症，目前就读于普通幼儿园。

在认知能力方面，小熊能听懂一些日常生活中的简单指令，如吃、喝、上厕所等，对字和词的理解较为困难，不认识数字，基本能独立完成简单的图形配对。由于其语言理解能力十分有限，小熊在集体教学活动中参与度很低。在老师的指导和辅助下，他能够尝试玩玩具，但持续1分钟左右后会出现逃避行为。

在表达能力方面，小熊几乎没有口语表达，只能发出"a"的音节。他想要某样物品或者想要做某件事时，一般不会征得他人同意，而是直接用手抓取自己想要的物品或者直接做想做的事。他主要通过推开他人的手或者用双手击打头部的方式表达拒绝，但如果别人对他表示了拒绝，他通常无法接受，会表现出大叫或用手抓人等问题行为。在回答问题方面，他通常对他人的提问没有反应，不能用任何单个字或单个词回答一些简短的问题。

在社交能力方面，小熊几乎不会与同龄人主动交流谈话，在合作游戏中的参与度较低。他不会和同伴保持固定的社交距离，喜欢紧贴同伴，靠在同伴身上以支撑自己的身体。

在情绪行为方面，小熊的情绪不稳定，当其需求不能得到满足时，他会大声尖叫，双手用力拍打头部，或者用手抓人（自己或同伴）。

（二）亟须解决的问题

幼儿在园一日生活中，进餐是一项必不可少的活动，每天早、中、晚三次进餐及上、下午各一次的加餐，不仅能保障幼儿身体发育所需要的各种营养的摄入，也是培养幼儿良好进餐习惯的重要时机。为了防止幼儿烫伤，当幼儿需要添加饭菜时，老师会让幼儿用不同的手势表达自己的需求，如举手表示添菜或米饭，举拳头表示添汤。小熊在园时几乎没有口语表达，不能用语言表达自己的需求，对手势的认知也未能达到应用水平。当小熊吃完自己餐盘中的食物时，会直接用手抓取对面同伴的食物。这样做不仅不卫生，也会给其他幼儿带来困扰。

二、辅具的设计

（一）辅具照片

图3.5　进餐环节图片交换沟通卡

（二）辅具用途

本辅具旨在帮助重度、无口语的孤独症儿童在进餐时利用图片表达添菜添饭的需求，减少用手抓同伴餐食的不当行为。

（三）操作方法

阶段一：幼儿坐在老师对面，用一张图片交换自己非常想要的食物。

阶段二：逐渐增加幼儿与老师之间的距离，幼儿仍然要用图片交换自己非常想要的食物。

阶段三：幼儿从两张或多张图片中做出选择，并用图片交换自己想要的物品。

阶段四：幼儿在一个可拆卸的句子带上使用表示"我要"和"偏好物"的图片构建简单的句子，并和老师一起读句子带。

阶段五：幼儿在老师的指导下学会在进餐环节使用图片交换沟通卡回答诸如"你想要什么？"等问题。

（四）创新点

本辅具的独特之处在于自干预之初就强调激发孤独症儿童的表达意愿，注重先教幼儿提出"要求"，而不是让他先掌握指认、命名、配对这些前语言行为。

三、辅具的制作

（一）制作材料

电脑、打印机、打印纸、不织布、塑封机、塑封膜、魔术贴。

（二）制作步骤

1. 用电脑将每周食谱中小熊喜欢的食物的照片做成 5×5 cm 的

图片，在图片上端用黑体字标注该食物的具体名称。

2.打印并塑封图片，在每张图片的背面贴上 1×2cm 的魔术贴。

3.裁剪若干张 21×29.7cm 的不织布，用来制作沟通本封面及活页，并在每页上平均贴 4 条 18×2cm 的魔术贴，用来粘贴塑封过的图片。

四、使用过程及效果

为了帮助小熊减少用手抓取同伴饭菜的行为，合理表达进餐过程中的添菜添饭需求，老师根据小熊的情况，为其制订了个别化教育计划。执行计划的时间跨度为一学期（16周），分为初期（第1周）、中期（第2—14周）、末期（第15—16周）三个阶段。

（一）使用初期学生表现及效果

进餐时，一名老师坐在小熊对面，看到小熊喜爱的食物快吃完时，将提前准备好的食物放在自己旁边作为强化物，并向小熊展示一张他喜爱的食物的图片。另一名老师引导小熊用手指一下食物图片并将图片拿起来放到对面的老师的手中。然而，当老师引导小熊用手指图片或者拿图片时，小熊会因需求未立即得到满足而大喊大叫，这种激动的情绪不仅会让他出现呕吐的情况，也容易引起班内其他幼儿的恐慌。虽然老师设计辅具的初衷是为了增加幼儿的沟通行为，让他在进餐时通过适当的方式表达需求，但前期的适应性训练不宜在进餐时开展，而且老师选择的强化物也不适宜。

（二）使用中期学生表现及效果

1.改进设计

（1）转换场地，用游戏环节辅助训练

为了维护轻松和谐的班级氛围，减少进餐环节小熊的情绪问题给全班带来的紧张感，老师决定先在游戏环节对小熊进行干预训练，待小熊表达需求的行为增加后，再逐步尝试在进餐环节使用图片交换沟通卡。

（2）改变强化物，丰富图片交换沟通卡

老师根据小熊的实际偏好，调整辅具使用计划，丰富图片交换沟通卡，将小熊喜欢的薯片、饼干的照片制作成塑封图片。在游戏环节，老师使用薯片作为强化物对小熊进行图片交换沟通干预训练。当小熊慢慢失去兴趣，老师会让小熊休息 2 分钟，之后再开始，同时调整强化物，如换成小熊喜欢吃的饼干。

（3）干预难度递进，促进语言理解及表达

在小熊完成上一个阶段的任务后，老师一方面逐步增加小熊与沟通者之间的距离，另一方面在图片交换沟通卡上增加可拆卸的句子带，便于小熊使用表示"我要"和"偏好物"的图片构建简单的句子，形成完整的表达。如当沟通伙伴问"你想要什么"时，小熊能够将"我要"和"薯片"的图片从沟通图册中撕下，并按顺序粘贴在句子带上，然后把句子带给沟通伙伴，回应"你想要什么"的问题，进而换取对应的实物。

（4）增加家庭进餐场景

为让家庭教育和学校教育保持一致，进而巩固训练成效，老师在和小熊的家长沟通后，决定对小熊的妈妈进行培训，让小熊的妈妈作为小熊在家时的沟通伙伴，对小熊进行干预。同时，老师给予小熊的妈妈一些家庭教育建议，如学会放手，减少包办代办，让小熊通过图片交换沟通卡表达需求，而不是小熊只用一个眼神，家长就立即满足他的需求。

2. 改进后的学生表现及效果

第2—4周，一名老师坐在小熊对面作为沟通伙伴，另一名老师在小熊的身后提供辅助。沟通伙伴向小熊展示强化物——薯片和一张薯片的图片。当小熊拿起图片交到沟通伙伴手中时，沟通伙伴立即给予小熊薯片，并说："噢，你想要薯片呀。"小熊刚开始会直接用手拿取薯片，这时坐在小熊背后的老师要提供肢体辅助，帮助小熊拿起图片并交到沟通伙伴手中。随着使用沟通卡次数的增加，小熊能够逐步独立使用图片交换薯片，老师逐步将全肢体辅助替换为部分肢体辅助或手势辅助，直到完全撤除辅助。

第5—7周，沟通伙伴在小熊面前展示薯片后，带上薯片站在离小熊两步远的地方。当小熊从沟通图册上撕下薯片的图片，并交到沟通伙伴手中时，沟通伙伴立即给予小熊薯片作为奖励，并说："噢，你想要薯片呀。"之后沟通伙伴逐步增加与小熊之间的距离，以及小熊和沟通图册之间的距离。每次干预进行20个回合。刚开始，小熊在从沟通图册上撕取图片沟通卡的时候，由于没有找到方法，会撕不下来，然后放弃撕图片沟通卡。负责提供辅助的老师耐心地握着小熊的手一遍遍体验撕取图片沟通卡的过程。小熊逐步掌握了撕取图片沟通卡的方法，并逐步学会在一段距离之外，用图片交换强化物。

第8—9周，老师将带有魔术贴的薯片的照片（小熊最喜欢的）和苹果的照片（小熊最不喜欢的）并排贴在沟通图册上，将沟通图册放在小熊面前的桌子上，让小熊选择，小熊选择后，沟通伙伴将图片上对应的实物给小熊。

小熊每进行一次选择后，沟通伙伴都要将两张图片交换位置。刚开始，小熊的眼睛会无意识地偏向左边，进而习惯性地选择左边的图片。发现这一特点后，沟通伙伴在调整图片位置的时候，会有意识地在左边放置小熊不喜欢的苹果的照片。当小熊无意识地选择苹果的照片时，沟通伙伴会把苹果给小熊，小熊露出厌恶的表情予以拒绝。如此经过 3 个回合，小熊开始有意识地选择喜欢的薯片的照片。

第 10—12 周，当沟通伙伴向小熊展示他爱吃的薯片时，小熊需要走到距离其 1 米处的沟通图册前，从中选出薯片的照片和代表"我要"的图片，并在句子带上，从左到右将图片拼成句子——"我要""薯片"，再将句子带撕下，走到沟通伙伴前，将完整的句子带交到沟通伙伴手中，即可换取强化物。刚开始时，小熊不会使用句子带。当沟通伙伴展示薯片时，小熊会把薯片的照片从沟通图册中撕下交给沟通伙伴。此时，负责提供辅助的老师会帮助小熊把薯片的照片粘到句子带的右边，再帮助小熊拿取代表"我要"的图片，粘到句子带的左边，最后再辅助小熊把句子带撕下交给沟通伙伴，并说："我要薯片。"如此完成 1 个回合。当小熊能够独立拿取完整的句子带交给沟通伙伴换取薯片时，沟通伙伴就要逐步增加和小熊之间的距离，并帮助小熊泛化这项新技能。

第 13—14 周，沟通伙伴将带有魔术贴的代表"我要"的图片、薯片的照片（小熊最喜欢的）、苹果的照片（小熊最不喜欢的）和香蕉的照片（小熊比较喜欢的）并排贴在沟通图册上，将沟通图册放在小熊面前的桌子上。开始时，当沟通伙伴用手指向代表

"我要"的图片，并问小熊"你想要什么"时，小熊并没有反应，负责提供辅助的老师等待2分钟后，辅助小熊撕下代表"我要"的图片和薯片的照片，按从左到右的顺序贴在沟通图册下方的句子带上，最后撕下句子带交给沟通伙伴并用语言回答："我想要薯片。"沟通伙伴立即奖励小熊薯片。当小熊吃完薯片后，沟通伙伴再次指向"我要"图片，并提问："你想要什么？"负责提供辅助的老师等待2分钟后，再次辅助小熊重复完成上一个回合的动作。下一个回合，沟通伙伴提问后，负责提供辅助的老师等待的时间由2分钟延长至3分钟，然后再辅助小熊。如此循环，训练两天后，小熊依然没有脱离老师的辅助。第三天，沟通伙伴改变了提问方式，除了用语言提问，还展示了强化物——沟通伙伴在用手指"我要"图片后，将薯片和苹果分别拿在左、右手，边用语言问"你想要什么"边用手摇晃手里的实物，3个回合后，小熊开始在沟通伙伴提问并展示完实物后，有意识地用手从沟通图册上撕下代表"我要"的图片和薯片的照片。1周后，小熊在每天20个回合的训练中，均能保持16次以上独立完成回应——将句子带交给沟通伙伴换取实物。

（三）使用末期学生表现及效果

教师首先将幼儿在园每餐的食物按种类全部打印制作成5×5cm的塑封图片，并将其补充进小熊的沟通图册，在进餐环节让小熊运用图片交换沟通卡表达需求，小熊适应得很快，用手抓取同伴食物的不当行为的发生频次逐步减少。小熊的妈妈在家也将沟通图册慢慢扩展应用到小熊生活的方方面面，为小熊提供了表达自我需求的机会。

五、反思和建议

1.使用不足

进餐环节图片交换沟通卡的不足主要体现在两方面，一是沟通卡和沟通图册本身的制作较为烦琐，不易保存，携带不方便，导致其使用场景较为单一，在生活中运用受限。二是进餐环节图片交换沟通卡的使用不是一蹴而就的，需要专业人员进行系统的训练和干预，使用者也需要一定的时间学习如何使用沟通卡，才能达到沟通的目的。

2.辅具价值

经过一段时间的使用训练后，小熊在进餐环节增加了用图片交换沟通卡表达需求的行为，减少了未经允许用手抓取同伴食物的不当行为。同时各种实物图片也激发了小熊表达需求的动机，增加了沟通行为出现的频率。

3.使用感受

（1）综合性与系统性

在使用辅具的过程中，综合、系统的观察、评估、调整和改进，都是保证辅具个性化与适宜性的基础。同时，辅具往往不是单纯地配备好就可以使用，而是需要系统的支持，才能真正发挥作用。在使用本辅具的前期我们会遇到问题，就是因为没有对使用环境、强化物偏好等开展综合、系统的评估。

（2）专业性与协同性

老师在制作和使用辅具时需要具备一定的专业知识，保障辅具的有效性。同时，家长作为学生的监护人，和学生朝夕相处，承担着养育和家庭教育的责任，所以老师应帮助家长，为学生使用辅具贡献力量。本辅具在使用时得到了家长的充分支持，让我们感受到了"家园协同"的力量。

案例 6　AAC 介入三部曲之沟通板

一、特殊需要学生基本情况

（一）基本表现

二宝，男，11 岁，多重残疾一级，有唐氏综合征，就读于融合教育学校。

二宝的算数能力较强，数学成绩较好。二宝喜欢背古诗，背古诗的速度很快，能完成二年级的古诗背诵任务，但是阅读和理解能力较差，尤其是对长句子的理解，语文成绩较差。二宝喜欢画画，会画一些线条，但是画不出完整的图案和图形。他学习新东西的能力较强，但书写能力较差，能费力写一点儿，但是耗时长。

二宝的运动能力较强，会做俯卧撑、仰卧起坐、蹲起，还会跳绳。二宝的动手能力较差，生活基本不能自理，需要他人协助。

二宝在学校很少与人交谈，很少主动和班上的同学一起玩，课间，他常常在一旁看同学们玩。他几乎无法参与小组合作。二宝会根据不同老师的性格和老师们沟通，对于喜欢的老师，二宝会主动寻求帮助并打招呼，对于自己不擅长的学科的老师，二宝几乎无交流。授课老师在不影响教学课堂的基础上无视其特殊行为和举动。班级融合氛围较好，所以班主任选派了助学伙伴协助二宝，保障其在校安全生活、健康成长。

（二）亟须解决的问题

二宝的听力较弱，在沟通时，他对其他人讲话的清晰度要求较高，他人的语速过快或音量过低时，他就听不清楚。二宝的语言表达与沟通能力较弱，会主动寻求帮助但无法清楚地表达需求，只有少数人可以勉强听懂他说的是什么。这严重阻碍了他参与学校各项活动。

二、辅具的设计

（一）辅具照片

1. 图片沟通板

图 3.6　图片沟通板

2. 电子沟通板

图 3.7　乐翼 AAC

（二）辅具用途

老师选用两种沟通板作为辅具，帮助二宝参与课堂学习，使他不再无所事事、耽误学习时间；提高二宝的自信心，使他在学习中有收获感，对学习有主动性；帮助二宝为升学奠定基础，使他能够课下主动与他人沟通。

（三）操作方法

第一步：建立词汇基础

首先，老师需要了解学生目前的沟通能力、所掌握的词汇量，用学生感兴趣的活动作为切入点，增加学生的功能性词汇量。老师可以用图片沟通板作为主要教学工具，让学生逐步学会日常活动所需的功能性语汇。

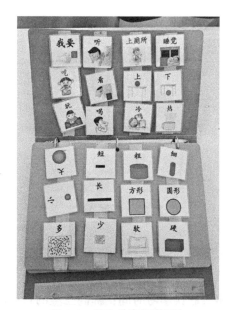

图 3.8 学生日常所用图片

1. 前期准备工作：制作功能性语汇沟通卡

二宝每月有 4 次社团活动机会，活动内容是在家练习烘焙。二宝很喜欢吃甜品，尤其是蛋糕和蛋挞，不喜欢又干又硬的食物，如饼干。若二宝有合适的沟通通道，且老师能将沟通内容与二宝的兴趣爱好结合，可大大地提升二宝的沟通表达意愿与能力。因此，老师选取了 24 个较常用的功能性词汇，并将其分为 6 个单元。

此外，由于二宝认识少许简单的字，且其认图能力较强，因此，老师决定用图片沟通板作为主要教学工具之一。多数沟通图片可以用二宝日常生活中常用的实物的照片制作。

在条件允许的情况下，老师还可以使用平板电脑下载乐翼 AAC 并建立语汇图片库。

图 3.9　功能性语汇沟通卡

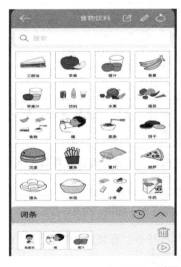

图 3.10　乐翼 AAC 语汇图片库

2. 功能性语汇教学设计

功能性语汇教学，是指教导学生将习得的功能性语汇运用到日常生活中进行沟通与表达。

（1）教学目标

通过功能性语汇教学，学生能指认、配对、念读功能性语汇图片或通过按压平板电脑沟通版面上的图片进行沟通与表达。

（2）功能性语汇教学内容和语汇呈现

教师将语汇分为人物、学习习惯、行为习惯、学习能力、社交用语及情绪动词六大类，并将每个类别作为一个教学单元（详见下表）。

表 3.1　功能性语汇类别

单元	主题	语汇类别	功能性词汇
单元一	猜猜我是谁	人物	班主任、副班主任、科任教师、影子伙伴、同学们
单元二	我知道	学习习惯	举手、有疑问、提问、请再说一遍
单元三	我能做到	行为习惯	安静、坐好、手放桌面、起立、坐下
单元四	我学会了	学习能力	批注、圈画、阅读、算数、英语口语
单元五	我会说	社交用语	请帮忙、谢谢、我要、帮忙拿
单元六	我在学校的一天	情绪动词	不开心、有烦恼、开心、生气、发愁

（3）教学步骤

功能性语汇教学步骤如图 3.11，老师先做教学示范，而后组织活动让学生自行练习。在学生练习的过程中，老师适时给予学生强化。若学生在练习中有困难，老师会再次提供教学示范，最后老师对学生进行评量，当学生连续三次达成教学目标后，老师再进入下一个单元的教学。

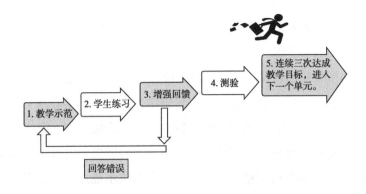

图 3.11　功能性语汇教学步骤

第二步：构句训练

学生习得功能性语汇后，虽能理解词汇的意思，但只能以单一词汇或多个词汇表达需求，沟通伙伴很难理解其想表达的内容。此时，老师需要为学生制订活动对话脚本，并将学生习得的功能性词汇呈现在平板电脑沟通版面上。

1. 构句教学设计

构句教学旨在让学生在烘焙活动和课堂教学中，将习得的功能性语汇运用到沟通实践中。

（1）教学目标

通过为期三周的烘焙活动进行构句教学。在第一、二周，学生要能模仿构句教学教材中的例句，用习得的词汇构句；在第三周，学生要能独立地使用乐翼 AAC 构句，必要时老师可以提供适当的提示，协助学生完成构句。

（2）构句教学内容与教材

构句教学内容，是指老师根据烘焙的步骤，设计数个有意义的构句进行教学，老师还可以将这些构句汇编成教材。

（3）教学步骤

由于学生已习得 24 个功能性语汇，并理解了功能性语汇的意思。在构句训练阶段，老师会先带领学生读例句，然后在平板电脑沟通版面做构句的教学示范，接着换学生模仿构句，完成后点击平板电脑沟通版面上的整句发音选项，聆听该句发音，确认构句内容。若学生构句错误，老师要再次提供示范。若学生构句正确，便可以听着语音反馈学习仿说，最后学生根据提供的句子内容进行相应活动（如图 3.12）。

第三步：运用到生活中

此时，老师不再给学生提供构句训练教材，直接让学生在课堂中使用图片沟通板或电子沟通板，且仅提供口头提示、动作提示、实物提示，必要时也可以做示范。同时，老师要求学生在使用电子沟通板时，仔细聆听语音回馈，尽力仿说句子内容，仿说成功后老师及时给予学生正强化。

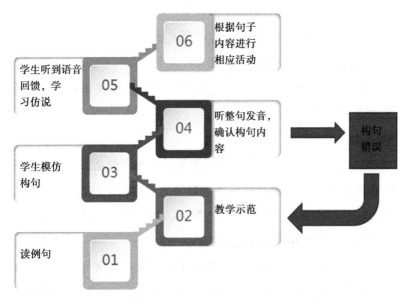

图 3.12　构句训练步骤图

三、辅具的制作

（一）图片沟通板制作材料

1. 文件夹

2. 塑封机、塑封卡

3. 学生日常所用物品的图片

4. 双面背胶魔术贴

（二）图片沟通板制作步骤

1. 搜集学生在校生活的基本沟通场景的图片。

2. 将图片打印出来，剪成小方块。

3. 用塑封机将图片塑封，剪成所需大小。

4. 在剪好的图片背后贴上双面魔术贴。

5. 在文件夹上平行贴三条双面魔术贴。

6. 将贴好魔术贴的图片贴在文件夹上。

7. 将代表"我"和"需要"的图片贴在文件夹最后一行，待学生使用。

（三）创新点

AAC介入三部曲能够让学生逐步学会常用的功能性语汇，帮助语言困难的学生快速地与他人交流，表达当下的反应与感受，主动参与集体活动，更好地融入校园，提升校园生活幸福感，增强自信心，为更好地融入社会奠定基础。

电子沟通板可以帮助学生在家中利用软件与父母进行日常交流，从而提高沟通的熟练度，促进学生多表达、多参与、多体验，增强学生的幸福感。

AAC介入三部曲将训练建立在学生的兴趣点及需求上，能够有效激发学生的训练动力，同时鼓励学生通过以图片换取换实物的方式，主动与他人沟通，提高学生的表达能力。

四、使用过程及效果

（一）使用初期学生表现及效果

使用初期，二宝不会主动选择用辅具表达需求，当他需要沟通时，他会很着急，却迟迟不行动。即使老师教他使用辅具，他也只会用简单的语句表达需求，如"我需要帮忙""请您帮帮我"等。由于辅具中的图片小而多，二宝需要看很久才能找到需要的图片，这为其沟通增加了很多困难，没有达到方便的效果。其他在校学生没有与使用沟通板的人交流的习惯，不会主动和二宝沟通。

在家时，二宝和家长沟通交流较多，沟通时用词更加简单，不会使用完整语句表达想法，父母只能通过猜测完成和二宝的沟通。

（二）使用中期学生表现及效果

使用中期，老师根据前期出现的问题对辅具进行了改进。一是增大图片的尺寸，将课上所用图片放在同一页，课下所用图片放在同一页；二是对二宝进行针对性训练；三是对班级同学进行互助教育，为班级每位同学布置任务，要求每个人每天下课都需要和二宝说一句话。

训练时，老师首先从二宝日常生活中经常接触的词入手，比如常见水果、蔬菜、交通工具、小动物、日常用品等。一开始，老师在二宝面前放 2～3 种物品图片，老师说出物品名称，请二宝用手指指认或用手点击图片；然后，老师根据二宝进步的情况（注意与记忆方面）增加图片的数量，从而增加训练的难度。

第二阶段进行语言符号训练，老师要善于利用学生的无意义发音，将无意义的发音转化为有意义的发音。然后老师要逐渐训练学生用口语表达词汇，最好从学生可理解的、易于构音的词汇开始。接着，老师让学生从词汇表达过渡到语句表达，先让其模仿简单语句，如"我＋想要＋发言""我＋有＋疑惑""我＋不＋明白"等，再慢慢增加句子的长度和难度，注意带着情感和表情。最后，老师让学生从被动到主动，表达出有意义的内容。

第三阶段侧重情感表达，老师教学生利用乐翼 AAC 中的表情图片表达当下感受。学生在用乐翼 AAC 表达完整的句子后，增加表情（开心、不开心、愤怒等）的图片，为语句增加真实性，使表达贴近生活，从而更好地沟通。

（三）使用末期学生表现及效果

在此阶段，二宝可以进行针对性的语句练习。老师通过长时期的观察及记录能够发现二宝常用的固定语句，让二宝对这些语句进行针对性训练，提高训练的效率。

在使用后期，学生使用的语句还是比较单一，缺乏灵活性，老师需要根据学生日常生活中的真实情景更新构句内容，帮助学生提高沟通能力。社团活动期间，学生可以从自己喜欢的内容——烘焙入手。老师要激发学生的兴趣，提升学生的主动性，促进学生主动与他人沟通。老师还要重点关注学生是否能够模仿构句，及时给予学生正强化，增加学生的信心。

此阶段的任务对学生来说会有较大的难度，老师、家长需要及时给予学生支持，帮助其达到学习目标。

五、反思及建议

随着干预训练的推进，学生逐步学会了常用的功能性语汇，由于学生有严重的构音问题，在念读上表现较差，但其余的表现——如配对、指认或用平板电脑上的语音软件替代念读——都非常好。此外，在构句训练方面，老师将学生习得的 24 个功能性语汇在平板电脑上编制成沟通版面，并利用事先准备好的对话脚本让学生使用完整语句沟通。最后，老师撤除示范辅助，仅用口语辅助帮助学生完成对话，由于学生已慢慢熟悉平板电脑沟通版面上功能性语汇的位置，他的沟通效率也有显著提高。

　　家长的参与非常重要。家长对孩子的语言发展起着重要的作用。老师可以教授家长训练方法，让家长在家随时进行教学。家长要及时向老师反馈，老师针对家长的反馈结果给出建议。对于有影子老师的特殊需要学生来说，影子老师需要及时记录学生在校期间的进步情况，并及时和家长沟通，让家长在家中采用一致的训练方式，帮助学生养成良好的沟通习惯，增强主动沟通的意愿和信心。

案例7　语言表达提示板

一、特殊需要学生基本情况

（一）基本表现

　　小曾，男，8岁，有孤独症谱系障碍，就读于融合教育学校。

　　在文化知识学习方面，小曾态度积极、端正。小曾会在家长的帮助下进行预习和复习，上课能够认真听讲，积极举手回答问题，但偶尔会出现注意力不集中的现象。小曾在做题过程中能正确审题并做出解答，能够参与小组学习，能够认真完成老师布置的作业。小曾的学习成绩目前在班级中处于中上等，在数学学科方面，小曾对数的认识及基本计算等基础知识掌握牢固，具有一定的分析和解决问题的能力，遇到不懂、不会的问题时，会迁移运用学过的知识和方法。在语言与沟通方面，小曾能与老师、同学进行日常沟通交流，能够理解简单的对话和句子，能够表达自己的需求，但在描述正在发生和已经发生的事情时，不能够准确完整地表达。

小曾平时很喜欢阅读，他的识字量很大，能够掌握并应用学过的知识。

小曾在表达过程中能确保发音准确，但往往因过分注意发音准确而语调异常。他的口语表达显得不自然，他还会刻意改变发音方式，在某些特定音节上加强重音。在人际交往方面，他和老师、同学相处融洽，但在与同伴互动的过程中，他很少主动表达，只会用词语、短语回应同伴的问题。他不能完整表达句子，组织句子用时长。在和同伴相处时，他有主动发起沟通的意愿，但话题单一、刻板。他的情绪比较稳定，目前在学校尚未出现情绪失控的情况。

（二）亟须解决的问题

每天早上小曾走进教室，都会和老师叙述今天的日期、天气等，每次老师都会耐心倾听并积极地鼓励他。但当老师没有及时回应他时，他仍会继续播报，不会回到自己的座位。该行为不仅影响了老师的日常工作，还对班内其他学生造成了困扰，影响了早读的正常秩序。小曾能够用语言表达自己的需求和愿望，但在和老师、同学的交流中以回答问题为主，很少主动发起聊天话题和提出疑问，很少对老师和同学给予自己的评价做出反应。最重要的是，小曾播报天气的刻板行为，对其自身发展，尤其是语言发展方面的影响较大。因此，老师需要对小曾的刻板行为进行积极干预，给予正向引导，并提升小曾的沟通交往能力。

二、辅具的设计

（一）辅具照片

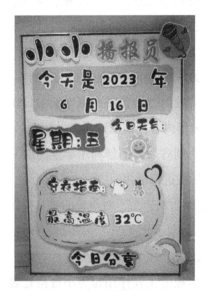

图 3.13　天气播报提示板

（二）辅具用途

天气播报提示板是针对小曾的刻板行为及表达能力制作的，主要用途是为小曾每日播报天气的刻板行为提供适合的表达框架。

提示板上的内容不仅延续了小曾每日叙述的内容，即天气和日期，还增加了今日最高温度、穿衣指南和今日分享等内容。这样的天气播报提示板不仅没有限制他的刻板行为，还提升了他主动获取信息的能力。提示板上色彩丰富，还有一些图案装饰，如此设计一方面可以激发学生的表达兴趣，另一方面可以让学生的心情更加愉悦。

老师设计此辅具的主要原因是小曾的刻板行为对其目前的学习产生了一定的负面影响，此辅具可以适当改善其刻板行为，还可以让小曾表达得更加完整清晰，锻炼语言表达能力，获得同伴认同，增强自信心，营造团结向上的班级氛围。

（三）操作方法

1. 提示板上的内容为小曾每日播报天气的固定内容。

2. 每天早上到校时，小曾需要将当天的日期、天气情况、穿衣指南、最高温度等内容提前粘贴在提示板上。

3. 当全班学生到齐后，小曾利用早读前的时间，根据提示板上的内容为全班学生进行播报。

4. 同学们在倾听结束后，对小曾的当日播报内容给予评价或补充。

（四）创新点

天气播报提示板的主要作用是为小曾搭建表达框架，改善小曾的刻板行为，让小曾勇于表现自我、锻炼自我。小曾不仅可以借助辅具播报每日天气，还可以和同学们分享自己经历的新鲜事、收获的新知识、学到的新技能等，增加和同学的互动。天气播报提示板将孤独症学生每日叙述天气的刻板行为转化为有意义的天气播报，尊重其特殊需求，也将其需求与集体生活融合，体现了融合教育的理念。

三、辅具的制作

（一）制作材料

KT 板一张、彩纸、白纸、塑封机。

（二）制作步骤

1. 选取大小合适的 KT 板，并进行包边处理。

2. 设计提示板的内容和样式，打印、裁剪内容素材。

3. 利用过塑机，将裁剪好的图片和文字素材进行塑封。

4. 裁剪彩色 A4 纸，装饰提示板。

四、使用过程及效果

为了改善小曾的刻板行为——每日进行天气播报，帮助小曾建立良好的行为习惯，创设融合教育环境，老师为小曾制订了个别化教育计划。计划的时间跨度为一个学期（16 周），分为初期（1—5 周）、中期（6—12 周）、末期（13—16 周）三个阶段。

（一）使用初期学生表现及效果

小曾每日都向班主任口头叙述当日日期和天气。为了将小曾的这一行为和班级活动结合起来，老师让其每日早读开始前为同学们播报当日信息。同时，为了让小曾表达得更加清晰、更有层次，老师设计了表达框架记录单，将小曾每天需要给同学们播报的内容打印在一张纸上，并将其中需要每日变更的内容留空，让他自己查阅、填写后，为同学们播报。

我是小小播报员

老师好，同学们好，我是今天的播报员（　　　　），今天是（　　　）年（　　　）月（　　　）日，星期（　　）。今天的天气是（　　　）。今天是（　　　　　　）节。明天的天气是（　　　），应该穿（　　　　　　）。

谢谢老师和同学们的聆听。

图 3.14　表达框架记录单

在使用表达框架记录单的第一周，小曾对记录单的内容比较陌生，不愿拿着记录单进行播报，他还是和往常一样，简单叙述了当天的天气和日期，就草草收场了。小曾在第二周的播报情况也是这样。于是老师便和他进行了沟通，告诉他如果按照记录单的内容讲给大家听，大家会对你播报的内容印象更加深刻，也会更加喜欢你。接着，老师提出如果小曾使用记录单进行每日的播报活动，就会给他小红花贴纸作为奖励。于是在第三周，小曾尝试拿着记录单进行播报了。在播报一周后，问题又出现了——小曾在为同学播报过程中经常出现串行或漏掉播报内容的情况。文字性的提示对于他来说是一种困扰。于是老师便让他使用带有图片的记录单，以便完整地播报。改进后，小曾逐渐适应了这样的播报模式，并乐在其中。

使用表达框架记录单的第五周，小曾非常乐于为同学播报，在播报结束后，他的脸上总洋溢着满足的神情，小曾的刻板行为转变为他和同学的日常互动。但到了第六周，小曾表示不想再为同学们播报了。通过询问原因，老师意识到这个表达框架记录单对他来说是枯燥的，让他产生了抵触情绪。每天只有他为同学们播报，这让他认为自己是特殊的，他想逃离这个环境。小曾对表达框架记录单的排斥使干预效果不太理想。

（二）使用中期学生表现及效果

辅具使用的中期阶段，为了增加小曾播报的积极性，老师就目前的情况对表达框架记录单进行了调整。

图 3.15 小曾借助天气播报提示板进行播报

1. 家校共育，转变观念

首先，老师采取家校联合的方式，将播报的活动告知了小曾的家长，并得到了小曾家长的支持与配合。老师向家长介绍了小曾利用提示板进行播报的实际情况及播报活动带来的积极影响。小曾的妈妈了解了他每天的播报情况，表示愿意支持老师的工作，引导小曾做好播报活动。妈妈尝试着让他明白给同学们进行播报的意义。同时妈妈也会帮助他了解有关特殊的节日有哪些故事可以介绍给同学们。于是小曾改变了对播报的排斥态度。

2. 根据需求调整表达框架记录单的形式和内容

由于小曾前期排斥表达框架记录单，于是老师根据小曾的需求及喜好，选取较大的 KT 板设计播报提示板，并将其摆放在讲台上，让小曾的播报显得更加正式。老师通过与小曾沟通确定了提示板呈现的内容，用图文并茂的形式将活动主题、当天日期、天气、穿衣指南及最高温度——呈现出来。为了使播报的内容更加丰富，老师还添加了今日分享板块，小曾可以将查阅的资料和同学们分享。通过调整，小曾播报起来更加顺畅、自然了。在颜色的设计上，老师选取了小曾喜欢的几种颜色进行装饰，丰富多彩的播报提示板提升了小曾播报的积极性。

3. 科任老师引导，促进学生语言表达能力发展

由于小曾在播报时语言表达比较刻板，在播报过程中缺少情感，有些同学会失去倾听的兴趣。于是语文老师对小曾的播报进行指导，通过夸张的肢体语言调动小曾的语言表达情感，比如，小曾说到冷的时候，老师就会做出瑟瑟发抖的姿态，从而激发小曾的兴趣，调动小曾的情感。语文老师还教小曾如何按照顺序播报、如何准确地播报，从而获得同学的肯定。

4. 隐性支持与班级奖励机制相结合

为了让小曾不觉得他的播报活动是"特殊的"，老师设置了"人人都要为班级服务"的班级活动主题。在"人人都要为班级服务"的主题下，老师设计了"一人一岗"活动，活动要求每位学生都要有自己的劳动岗位，播报员也是其中一个岗位，如果学生能够认真完成岗位工作，就会得到小贴纸，学生还可以凭一定数量的小贴纸参与抽奖活动，并获得奖品。这样的活动使小曾接受了播报任务，也达到了为班级服务的目的。

5. 用结构化理念指导播报

针对孤独症学生难以接受变化的特质，老师让小曾每天在固定的时间站到讲台前播报，并和小曾商议把每日课程纳入播报内

容。这样就可以促进小曾建立规程、接受变化。

（三）使用末期学生表现及效果

辅具使用的第13—16周，学生表现良好，能够积极参与播报活动，在播报过程中，语言表达能力也得到了提升。小曾的自信心增强了，班级的氛围也融洽了。

为了彻底消除小曾播报天气的刻板行为，老师逐步撤销播报活动，让小曾每周比上一周少播报一天，直至不再播报，于是小曾的刻板行为消除了。

每日播报的刻板行为消除后，小曾参与了正常的早读，并在此过程中逐步形成语感，阅读理解能力得到了进一步提升。不仅如此，消除刻板行为后，小曾的学业成绩也得到了提高。

五、反思及建议

天气播报提示板的使用消除了小曾的刻板行为，适合有类似刻板行为的孤独症学生。

（一）优点

1. 制作材料常见，制作过程简单。在制作过程中，我们只需要用到几张彩纸、白纸、一块KT板，制作材料都是平时工作中常见的，价格也不贵，制作成本低，而且制作过程简单，只需将需要呈现的内容粘贴到KT板上即可。

2. 应用范围广。本辅具虽然是为一名孤独症学生定制的，但老师也可以对其进行适当调整，将其作为班级活动的展示板，组织各种班级活动，丰富学生的课余生活。本辅具还适合给有阅读障碍的学生提供帮助，用途非常广泛。

3. 使用场景多样。本辅具可以用在教室中、会议室中、家中等，可以高放、低放、斜放，不受场地限制。辅具重量轻，方便拿取。

4. 易保存。本辅具的主要材料是 KT 板，易保存，不容易损坏，KT 板上的文字经过塑封，不会掉色，可以长久保存。

（二）建议

辅具是推动特殊需要学生享有高质量教育的重要资源，是一种个性化的支持，与一生一案、个别化支持、课堂教学等密切相关，有助于满足学生多样化的教育需求，促进学生全面发展。在设计并为特殊学生提供辅具的过程中，以下几点需要特别注意。

1. 需要选择坚固的材质，使辅具更加牢固耐用，这样才能确保学生在使用辅具过程中的人身安全。

2. 要多管齐下，灵活运用教育方法，促进学生接纳辅具，帮助学生摆脱厌烦情绪。在学生有厌烦情绪时，要耐心疏导，克服困难。

3. 学生的问题行为消退后，要在适当时机循序渐进地撤除辅具，帮助学生摆脱对辅具的依赖。

融合教育倡导尊重、接纳、平等的教育理念。相信每一个孩子都是一朵独一无二的花，花期有早有晚，姿态多种多样，作为园丁，我们能做的就是尊重、接纳每一个学生。

第四章　行为类辅具

特殊需要学生因生理和心理上的缺陷，在认知、社会适应、情绪行为等方面表现出特殊性。相较于普通学生，他们在日常集体课上，更难以自觉遵守课堂行为规则、维持注意力，更容易表现出各种问题行为。这些问题行为不仅可能影响特殊需要学生本人和其他普通学生的学习，还可能有安全隐患。因此，老师要思考问题行为背后的原因，选择合适的辅具，对问题行为进行干预。

下面就以两个案例具体阐述如何运用辅具处理特殊需要学生的问题行为。这两个案例分别是北京市朝阳区新源里幼儿园的田赛老师、赵硕老师设计的课堂行为提示卡和北京工业大学附属中学新升分校的王炜老师选用的摆位椅。

案例 8　课堂行为提示卡——禁止出门

一、特殊需要学生基本情况

（一）基本表现

小贾，男，3岁半，有孤独症，伴随发育迟缓，就读于融合幼儿园。

小贾认识常见物品，能分辨 3～5 种颜色，玩完玩具后会根据标志图把玩具放回原位。小贾有一定的沟通能力和表达自己意愿的意识，常用动作表达想法或意愿，如点头、摇头。小贾不愿开口说话，只有当老师和家长要求的时候才能发出简单的音节。此外，小贾没有主动交流的意识和愿望，不愿探索和尝试新玩具，喜欢的玩具如果在别人手里，他会直接抢。小贾的小肌肉动作的灵活性较弱，他能用蜡笔画直线，但不能画曲线和圆圈，且无法控制用笔力度和范围。他只能用手掌抓取玩具，不能用手指捏。

小贾对老师的信任度较高，依赖老师，有听老师指令的意识，如当他表现出问题行为时，如果老师告诉他正确做法，他就能听从。

（二）亟须解决的问题

小贾的规则性较差，上课时经常拒绝坐在小椅子上，在教室里来回走动，玩玩具时也不按要求坐在小椅子上，而是在教室里边走边玩，还会趁老师不注意自己开门跑出去。这种行为不仅不适当，还可能带来严重的安全问题。

二、辅具的设计

（一）辅具照片

图4.1 课堂行为提示卡——禁止出门

（二）辅具用途

老师把小贾喜爱的长颈鹿形象和"×"符号组合起来，制成视觉提示牌贴在门口，旨在通过视觉提示告诉小贾不能出门。这种直观的方式能有效地帮助他理解规则，提示他遵守规则，不随意跑出教室。

（三）操作方法

1. 创编社交故事"我不可以"，帮助学生认识和理解"×"标志的含义。

2. 在社交故事中，把长颈鹿比作提示安全的警察叔叔，创设故事情境，开展安全教育，使学生了解到，当门上贴有"×"标志时，不能出门，当老师把"×"标志摘下，或者门上没有贴"×"标志时，才可以出门。

3. 把长颈鹿和"×"标志贴在门上，组织"禁止出门"游戏，使幼儿在游戏中习得相关规则。

4. "禁止出门"提示卡会根据需要被贴在教室门上，学生通过视觉提示感知规则，然后遵守规则。

（四）创新点

通过前期调研，老师了解到小贾对"×"标志比较敏感，在生活中非常喜爱长颈鹿。所以，老师结合孤独症儿童的视觉优势和小贾的兴趣，设计了"禁止出门"提示卡，把禁止出门的规则用图像的形式呈现出来，解决小贾随意跑出门的问题。

另外，小班幼儿正处于由动作思维向具体形象思维发展的阶段，具有泛灵心理，他们常把动物、植物视作有生命和有意向的，所以老师在制作和应用"禁止出门"提示卡时，采用了"长颈鹿警察"这一形象，并且创设了有趣的故事情境，满足了幼儿的心理发展需要。

三、辅具的制作

（一）制作材料

长颈鹿图片和"×"标志图片各一张，塑封膜一张。

（二）制作步骤

将提前找好的长颈鹿图片和"×"标志图片，根据需要调整大小并打印出来，然后沿图片外轮廓修剪，用塑封膜过塑，再次沿轮廓修剪，最后把长颈鹿图片和"×"标志贴在班级门上。

四、使用过程及效果

（一）使用初期学生表现及效果

老师最初采用语言提示"不能往外跑"，但是效果并不明显，小贾依旧反复往外跑。

后来，老师想到了孤独症幼儿具有视觉优势的特点，于是制作了"禁止出门"提示卡。最初的提示卡只是一个贴在红色圆盘上的白色"×"标志。老师先向小贾解释提示卡的意思，告诉他，"×"代表不可以出门，然后把提示卡贴在门上。但是老师发现，小贾依然往门外跑，而且走到门口时，都不会看一眼提示卡，老师猜测小贾可能不理解"×"代表的意思。但小贾妈妈表示他认识和理解"×"代表的意思，只是对"×"标志不感兴趣。如何让小贾对"×"标志感兴趣呢？老师结合小贾的行为情况，创编了社交故事"我不可以"，小贾对这个故事产生了浓厚的兴趣，每当老师给他讲时，他都开心地指着"×"标志。放学后，老师把这个故事告诉了小贾的妈妈，让妈妈每天讲给他听，并鼓励妈妈带着他在马路上、商场里或者书里寻找"×"标志，在生活中理解"×"代表的意思。

在老师和家长的共同努力下，小贾对班级门上的"×"标志表现出了浓厚的兴趣，但是他还是会跑出教室。

（二）使用中期学生表现及效果

一次活动中，老师发现小贾一直拿着班里的长颈鹿玩具，好像非常钟爱这个玩具。老师想，能不能利用他喜爱的玩具帮助他遵守规则呢？看着班中的环境设置，老师想到了在故事和游戏情境中教学、发挥同伴的榜样作用、创设丰富的教学环境的方法，试图帮助小贾建立遵守规则的意识。首先，老师开展了一次集体教学活动，以小贾喜爱的长颈鹿为主要角色，创编了不能随便出门的社交故事，为了让故事更加生动有趣，老师不仅拿来了小贾喜爱的长颈鹿玩具，还拿来了几个受班上小朋友欢迎的动物手偶，一边讲故事一边用这些玩具表演，让小贾了解到随便出教室可能会带来的危害。

幼儿的学习是以直接经验为基础，在游戏和日常生活中进行的。因此，老师还请小贾表演这个故事，以此深化小贾对"禁止出门"提示卡的认识和理解，促进小贾认同并遵守不能随便出门的规则。活动中，老师请小贾扮演要出门的小动物，请同伴扮演长颈鹿警察，当同伴举起"禁止出门"提示卡，并说出"不能出门"后，小贾开心地转身回到自己的座位上。后来，老师又请小贾扮演长颈鹿警察，提示"小动物们"看到标志后不能出门。有趣的故事、好玩的游戏、同伴的榜样作用，都在逐步地帮助小贾理解规则、遵守规则。小贾对这场有趣的集体活动表现出浓厚的兴趣，并积极地参与。

活动后，老师对提示卡进行了改造，加上了小贾喜爱的长颈鹿，贴在了门上。同时，"禁止出门"不再是针对小贾一个人的要求，而是一项需要全班幼儿共同遵守的规则。这次活动后，班里的普通幼儿对"禁止出门"提示卡都有了浓厚的兴趣，每当走到门口时，都会摸摸它，然后转身离开。当有个别幼儿，包括小贾想出门时，孩子们都热心地、着急地提示道："不能出去。"很多幼儿还会把要出门的小朋友拉回来。小贾同样对提示卡充满了兴趣，走到门口时也会摸一摸、看一看，有时候会转身离开，但有的时候还是会试图开门往外跑。而这个时候，总会有小朋友提示他不要出门，有时他会被小朋友拉回来，但有的时候他会一直往外跑。但是总体来说，小贾私自出门的次数较之前减少了将近一

图4.2　集体教学活动——禁止出门

半。老师们对此非常满意。一个习惯的培养可能需要一段时间，我们可以等待他慢慢适应。

图 4.3　"禁止出门"提示卡引起了小贾的注意

（三）使用末期学生表现及效果

有一次，小贾往外跑，老师把他拉回来时，他出现了烦躁、反抗的情绪，老师突然意识到自己从未关注过小贾往外跑时的情绪，以及小贾在什么情况下会往外跑。后来，老师开始观察，发现小贾在情绪稳定、放松时，不会往外跑，即使往门外走，也会在看到视觉提示卡后或者在听到小朋友的提示后返回。这意味着"禁止出门"提示卡起到了一定的作用。而当他情绪有些烦躁时，他根本不会关注到"禁止出门"提示卡。他出现烦躁情绪，大多是因为没有拿到自己喜爱的玩具，或者不再想玩班里的玩具了，想出门寻找新的刺激。发现这个问题后，老师又创编了两个社交故事——"我想玩这个玩具"和"不想玩玩具时怎么办？""我想玩这个玩具"针对他没有拿到自己喜爱的玩具的情境，给出了很多代替跑出门的适当行为，如对同伴说"可以给我玩会儿吗？"、和同伴交换玩具、等待一会儿等。"不想玩玩具时怎么办？"针对他不想玩班里的玩具的情境，给出了很多代替跑出门的适当行为，如看书、浇花、做手工、看别的小朋友玩等。通过这两个社交故事，小贾学习到如何处理烦躁情绪。老师还在班中设置了安静角，在小贾出现情绪问题时，把他带到安静角，陪伴他宣泄和平复情绪。老师也意识到，幼儿的行为习惯是由多个方面的因素造成的，应该从多角度观察和分析。

通过和小贾妈妈的沟通，老师了解到他虽然在家中不会出现往外跑的情况，但是在公共场所会出现往外跑的情况。老师建议小贾的妈妈把"禁止出门"提示卡也贴到家里，并创编"公共场所我不离开妈妈"的社交故事，培养其不随意跑出门的习惯。

就这样，在老师和家长的共同努力下，小贾很少往门外跑了，在幼儿园的半天中，他只往门外跑1～2次，而且他能在同伴的提示和劝阻下返回教室。在一个学期即将结束时，小贾彻底改掉了随便往门外跑的习惯，能够和其他小朋友一样，在教室里学习和游戏，只有在户外活动时，才和小朋友们一起，排好队走出教室。

五、反思及建议

孤独症幼儿具有视觉优势，所以视觉提示是孤独症幼儿教育中非常常见的一种教学手段和方法。孤独症幼儿无法理解事物的含义，过分关注细节，抽象思维发展水平偏低，时间观念差，不善安排活动或等待。视觉提示可以弥补和改善以上问题，如图片可以用来表示抽象的概念和关系，突出事物的主要方面从而引起他们的特别注意。图片还可以用来表示时间的流逝、提示活动流程等。

在本案例中，老师根据孤独症幼儿小贾总是随意往门外跑的情况，设计了"禁止出门"提示卡，把"禁止出门"的规则可视化。最初"禁止出门"的标志只是一个简单的"×"，这个简单的标志并没有激起小贾的兴趣，于是老师运用社交故事，让小贾对"×"标志产生兴趣。当小贾对"×"标志产生兴趣后，老师发现这个标志只能让他理解规则，不能让他遵守规则。老师又通过开展游戏、发挥同伴的榜样作用、创设丰富的教学环境，帮助小贾遵守规则。这时，最初的"×"标志已经变为带有长颈鹿图案的提示卡了。改变后的提示卡带来的效果非常显著。特殊需要幼儿首先是一名幼儿，然后才是一名具有自身特点的特殊需要幼儿，老师不能只关注他作为特殊幼儿的特点，而忽略了他也是一名普通幼儿。

在培养特殊需要幼儿的行为习惯时，只靠一个视觉提示卡是远远不够的，老师需要从多方面观察和思考，分析特殊需要幼儿的行为问题的成因，并结合多种方法，如创编社交故事、创设安静角等，帮助特殊需要幼儿改善行为，更好地适应社会生活。同时，在特殊需要幼儿的教育工作中，家园共育发挥着重要作用，老师要经常和家长沟通，使特殊需要幼儿在融合教育中获得更好的发展。

案例 9　摆位椅

一、特殊需要学生基本情况

（一）基本表现

小杨，男，9 岁，有轻度智力障碍，伴随多动行为，就读于普通学校中的特殊班。

小杨入学时就读于普通班，但他没有养成良好的学习习惯，不能完整地参与一节课，在上课期间会偷偷去楼道或操场玩耍。在不感兴趣的英语课上，他甚至会站在桌椅上跳跃。老师征询家长的意见后安排小杨转入特殊班学习。进入特殊班后，小杨的学习情况有所改观。老师使用中国 3～6 岁儿童发展量表、NICHQ 范德比尔特评定量表（NICHQ Vanderbilt Assessment Scale）、康纳教师评定量表（Conners' Teacher Rating Scale，CTRS）等多个量表对小杨进行多方面评估，评估结果表明他有多动倾向。

小杨在分辨声音、构音、语言表达和沟通方面与普通学生相比无明显差异。小杨的语言理解能力较好，能够理解简单的对话和句子并能够表达自己的需求，但在描述正在发生和已经发生的事情时，不能准确、完整地表达。

小杨的短时记忆较好，能够记住部分教学内容；长时记忆较差，容易遗忘。小杨能理解直观、形象的事物，但他的抽象概括思维能力较弱。小杨维持注意力的时间较短，在学习感兴趣的内容时，他能短暂地维持注意力，时长为 5～8 分钟，小杨在注意力分配方面有困难，容易分心。小杨在课堂上难以保持静坐，总是东张西望，经常有小动作，频繁地发表与课堂内容不相关的言论，起立回答问题时扭动身体。

小杨在大部分时间里与老师、班内同学关系融洽。他的性格热情活泼。有问题时，他可以主动用语言表达需求，寻求帮助。他也能够主动帮助他人，积极参与班级事务，喜欢与比自己能力水平低的同学一起玩。当他和没有语言的同学说话得不到回应时，他会嘲笑他们。当其他同学犯错误时，小杨会大声训斥并制止他们。小杨与科任老师相处较好，能够帮助老师做事情并听从指令。小杨的情绪受周边环境影响较大，当老师播放他喜欢的动画片段时，他会持续大笑。当他犯错误受到老师批评时，会顶撞老师，有时会用哭泣的方式逃避批评。

（二）亟须解决的问题

老师通过评估发现，小杨在特殊班中可以和同学一起上课，参与活动，与同学和老师相处较融洽，不需要成人陪读。小杨在集体课上注意力不集中，频繁展现出多动倾向，主要表现为上课时随意讲话、离座、东张西望、玩儿自己的学具等。这些问题行为影响了他自己和其他同学。老师综合运用自我管理任务单、正强化、摆位椅等方法，帮助他规范课堂行为。

二、辅具的设计

（一）辅具照片

椅背

座椅

小桌板

调节器

图 4.4　摆位椅

（二）辅具用途

后倾式摆位椅是一种坐面及靠背比普通椅子向后倾斜 10～15 度的椅子。坐在摆位椅上，人体会不自主地向前倾斜，全身的关节会处在收缩的状态，从而抑制身体的冲动反应。摆位椅作为一种辅助工具，其作用主要有以下几个方面。

1. 提高儿童的注意力：摆位椅可以刺激儿童的感觉系统，使他们更加专注于当前的任务。

2. 改善姿势和平衡：摆位椅可以帮助儿童保持正确的姿势，从而减轻背部和颈部的压力，并提高他们的平衡能力。

3. 减轻过度活跃和冲动行为：摆位椅可以作为一种自我调节的方式，帮助儿童控制自己的情绪和行为，减轻过度活跃和冲动行为。

（三）操作方法

1.调整摆位椅的位置

在集体教学中，因为摆位椅的高度较低，所以老师一般将其摆放在教室较为靠前的位置。在一对一训练中，老师一般坐在学生对面。

2.调整摆位椅的椅面高度

老师可根据学生的身高及力量水平，通过转动椅身上的旋钮调整摆位椅的高度，让学生的双脚掌能完全着地，后背能靠在摆位椅的椅背上。

3.调整摆位椅的椅面倾斜度

调整椅面倾斜角度，以椅背完全撑住学生的腰部为宜。在集体教学中，老师可根据学生坐在摆位椅上，眼睛望向黑板的角度调节椅面倾斜度。在一对一训练中，老师可根据学生坐在摆位椅上，眼睛望向老师的角度进行调节。

4.调整摆位椅的小桌面

老师可根据学生需要，决定是否在摆位椅上拼插小桌板。

图 4.5　学生坐在摆位椅上的坐姿

（四）创新点

在以往对特殊需要学生进行训练时，老师一般采用显性的训练，如针对注意力进行舒尔特方格训练等，或者针对某一问题采用专业器材进行矫正。当问题行为严重时，老师会采取抽离式的训练、一对一教学等。这些方式剥夺了学生参与集体教学的权利，对学生的成长和人际交往无益。老师可以在学生参与集体教学时提前安排学生坐在摆位椅上，通过隐性的支持手段，辅助学生规范课堂行为。摆位椅是资源教室中常见的器具，其体积较小，操作简单、灵活。

三、辅具的制作

老师可从科技公司购买摆位椅并将其应用于日常教学和训练中。

四、使用过程及效果

老师根据特殊需要学生的需求，为其制订了个别化的教育目标，帮助其改善多动的问题行为。教学过程中，老师通过观察小杨上课时关注老师的时间长短和问题行为出现的次数，综合分析摆位椅的使用效果。

（一）使用初期学生表现及效果

在使用初期，小杨刚接触摆位椅，对摆位椅兴趣较高。首先，老师向学生介绍了摆位椅及其作用，避免学生对新鲜事物产生恐惧感。老师告知学生这个椅子是一种奖励，只有表现好、能够认真听课的学生才能坐在这个椅子上。在刚使用时，老师会在课前根据学生的身高调节摆位椅的高度，保证其舒适性。使用初期小杨可以按要求坐在摆位椅上。老师结合课堂观察记录表上的数据，对比小杨使用摆位椅前后问题行为的出现次数，评估辅具的作用。小杨刚使用摆位椅时，他的问题行为有所减少。评估结果表明该辅具对小杨的问题行为有一定的改善效果。

摆位椅由木质材料制成，学生久坐后会觉得不舒服。摆位椅也限制了学生的自由活动。在几节课之后，小杨开始对摆位椅产生抵触情绪，不能按照要求坐在摆位椅上进行集体学习，还会因逃避坐摆位椅，而出现其他问题行为。在此期间，小杨的问题行为非但没有得到改善，反而在一些课堂上表现得更为严重。

（二）使用中期学生表现及效果

使用辅具的第 5 周，老师结合小杨前期使用摆位椅的表现，对辅具进行了调整。

1. 熟练使用辅具

老师首先要熟练掌握摆位椅的使用方法，能够快速调整摆位椅的高度和倾斜角度，减少课前准备的时长，并让小杨参与调整的过程，让他不只是坐在摆位椅上，而是通过触摸、搬移、调节摆位椅，全方位了解这一辅具，从而接纳并使用摆位椅。

2. 体验辅具的好处

当学校有集体活动时，如六一儿童节庆祝活动，全校学生坐在同样的塑料小板凳上参与活动，这时候让特殊班的学生坐在高度合适的摆位椅上，学生可以更好地观看节目。这样，学生会直接体会到摆位椅的好处，并喜欢坐在上面。

3. 鼓励学生使用辅具

老师可以利用正强化，鼓励学生使用辅具。首先在集体教学或一对一教学时，老师先让小杨在摆位椅上坐 3 分钟。老师与他约定，如果他能在 3 分钟内坐在摆位椅上认真上课，不下座位，不乱动，就给他物质奖励，如小杨喜欢的食物或者玩具。然后老师慢慢增加约定的时长，并通过评估，了解小杨使用摆位椅的情况，适时做出调整，如在生活数学、生活语文、生活适应课上，老师均采用集体教学、一对一教学、小组教学相结合的方式，摆位椅在固定的位置不利于学生参与教学活动，老师可以适当调整其角度。

4. 美化辅具

摆位椅由学校统一采购，与其他辅具、教具的样式一致，颜色单一。为使小杨能够更喜欢和接受摆位椅，老师对摆位椅进行美化。老师利用结构化的方式，在摆位椅的小桌板上用不同颜色的可清除的胶带围成方框，进行区域划分，小杨可以按照个人习惯将书本、文具分别放在指定的区域。为满足小杨的个性化需求，老师允许小杨对摆位椅进行简单的装饰，如让他自己决定将获得的贴纸奖励贴在摆位椅的哪个位置。这样既能美化摆位椅，又能激励小杨。为减少小杨在上课期间下座位拿学具、起身喝水等行为，老师还对摆位椅进行了生活化的调整，在椅背侧面粘贴挂钩，用于悬挂水杯等用品，让小杨能在摆位椅上久坐。

经过第二阶段的调整，小杨对摆位椅的使用兴趣增加，他从最初不愿意坐在摆位椅上，到乐于在摆位椅上参与集体教学和游戏。可见，老师对辅具的调整产生了一定的效果。通过对小杨第一阶段、第二阶段的使用情况对比，老师发现小杨的问题行为得到改善。课堂观察记录显示，小杨下座位的情况显著减少，在上课期间对教学的持续关注时间进一步增加。

（三）使用末期学生表现及效果

使用末期，小杨的问题行为得到进一步改善。师生交往、同伴交往情况也得到了改善。现阶段，小杨已经适应了摆位椅，并且喜欢坐在摆位椅上参与活动。

图 4.6　学生坐在摆位椅上写字

五、反思及建议

经过老师的实践操作，摆位椅对小杨的问题行为产生了积极效果。

（一）优点

1. 使用方法简单。摆位椅由三部分组成，学生可以按照自己的身高、体型，通过旋钮自主调节摆位椅的高度、倾斜角度和小桌板的位置，使用起来轻松便捷。

2. 木质结构坚固耐用。摆位椅全部由木质板材制成，板材表面涂有防腐涂层，不易开裂生锈、变形扭曲，可以长久使用。

3. 使用场景多样。摆位椅的重量较轻，方便搬移，可以在集体教学、自主学习、一对一教学等多个场景中使用。老师还可以发挥椅子的基本属性，让学生用其休息、自习。

（二）不足

1. 在使用空间上有一定的限制。摆位椅的下半部分面积较大，相比普通的桌椅，需要占用更大的空间。如果在普通班级中使用摆位椅，老师需要安排好学生的位置，预留出足够的空间。在使用摆位椅时，要求学生双脚掌着地为宜，所以摆位椅的高度比普通课椅要低，在进行集体教学时，除考虑前后空间，还要综合考虑前后排学生的身高，以保证所有学生都可以正常学习。

2. 价格较高。作为专业的学生辅助器具，摆位椅的价格比普通桌椅的价格高。我校仅有一个摆位椅，数量较少，不能完全满足校内所有学生的需要。

3. 无法在家使用。通过与家长访谈，老师发现市场上基本没有专业的摆位椅，学生在家只能使用普通的椅子或者沙发。

（三）反思

从最初老师让学生尝试接触摆位椅，到现阶段老师撤除这一辅具后，学生依旧可以正常参与课堂，这是一个探索研究的过程。在辅具的使用过程中，老师需要有耐心和细心。特殊需要学生的成长不同于普通学生，他们接受新鲜事物的能力较差，会产生畏难情绪，老师需要长时间支持和鼓励学生。班级中的学生最初不愿意坐在摆位椅上，现在，他们喜欢在摆位椅上学习，甚至在不用摆位椅时也可以学习，这证明了老师的付出是有效的。辅具不同于教具、学具，在短时间内无法见到效果，利用辅具使学生进步需要一个长时间的过程。在使用辅具时要有一定的方式方法，一味地强行使用并不一定有好的效果，我们要采用正强化的方式，让学生熟悉它、接受它、使用它，这样才能达到事半功倍的效果。在使用时，老师要定期进行评估，如果问题行为发生的频率没有变化，我们就要反思问题并排除干扰。如果这件辅具不适合学生，我们就要及时撤除辅具或者更换其他辅具。

　　走特殊教育和融合教育之路需要老师不断摸索。相信在专业辅具的支持下、教师队伍的壮大下，学生能更茁壮地成长。

第五章　情绪管理类辅具

　　情绪是一种主观体验。在情绪发生时，我们也会有一些外部表现，也就是我们常常看到的某些行为特征。普通儿童随着年龄的增长，会逐渐学会识别、调节自己的情绪，但是特殊需要儿童，尤其孤独症儿童通常难以恰当表达自己的情绪，也无法识别、解读别人的情绪，缺乏情绪调节能力，无法处理自己的情绪问题。这给老师带来很大挑战，也给其他学生造成了不良影响。情绪管理类辅具包括情绪日志、情绪表情牌、情绪卡等，帮助有情绪障碍的儿童管理情绪，缓解情绪问题。

　　下面就用两个案例具体阐述不同情绪管理辅具在实际教学中的应用。他们分别是北京市朝阳区实验小学新源里分校的张艳丽老师设计的情绪温度计和中国人民大学附属中学朝阳学校的许琴老师设计的情绪红绿灯。

案例 10　情绪温度计

一、特殊需要学生基本表现

　　（一）基本表现

　　小卓，男，13 岁，有轻度孤独症，就读于普通教育学校附设的特殊班。

在学习能力方面，小卓能在老师的提示下集中注意力参与课堂学习；能够理解简单概念和生活中的常见信息；能够对 1 ～ 2 条直观信息线索进行分析和推理；执行功能较弱，需要在提示下完成一件多步骤复杂任务；计划能力和灵活度不足，遇到突发问题时往往不能独立处理。

在学业表现方面，小卓的生活数学成绩较为突出，计算能力较强，能够完成 100 以内数的加减计算；能使用乘法口诀进行简单乘法计算；能够完成生活场景中常见的长度单位、货币换算。在生活语文方面，小卓的识字量较大，能够朗读；能够通过联系生活经验和举例子的方式理解重点词句；能够在课文大纲的辅助下理解课文主要内容，但难以概括课文内容。在生活适应方面，小卓了解基本生活常识，能够照顾自己；能够独自上下学，并完成学校的一日常规；能够在老师、家长的指导下使用社区设施，但在处理突发事件时灵活度不足。

在社交与情绪方面，小卓能够与熟悉的人进行基本的社交活动，与熟悉的同伴和老师维持稳定、融洽的关系，但难以发展深厚的友谊关系，具体表现为：在社交活动中能够遵守一些简单的社交礼仪（如与人交谈时距离得当，正确使用礼貌用语）；能够在提示下与熟悉的同伴合作完成简单的任务；能够寻求他人帮助和为他人提供力所能及的帮助。

小卓在社交与情绪方面的主要问题在于复杂性语言表达能力较弱，以及对情绪的关注和理解能力不足，容易执着于自己的想法，导致与不熟悉的老师和同学产生误解或冲突。

（二）亟须解决的问题

小卓对他人的情感表达线索（动作、语言、表情）的关注和加工不足，进而对情绪的理解也不到位，不太能够预测自己和他人情绪的发展和对行为的影响。这导致小卓在社交中容易与他人，尤其是与不熟悉的人产生冲突，而且这会造成其进入高年级学段后难以通过动作、语言描写理解课文中人物的性格、情感。

二、辅具的设计

（一）辅具照片

图 5.1　情绪温度计

（二）辅具用途

情绪温度计的主要用途是辅助学生理解生活中的基本情绪及其变化程度，并帮助孤独症学生建立观察情绪的思维模型。情绪变化曲线帮助学生了解情绪变化的一般性规律，并通过视觉提示帮助孤独症学生处理生活中的情绪问题，学会自主调控情绪。

（三）操作方法

情绪温度计可应用于以下四个场景，一般来说，初次使用时，学生要按照以下场景的顺序使用。

应用场景 1：自我学习场景

首先，学生要认识情绪温度计。老师通过生活中常见的体温计，帮助孤独症学生认识情绪温度计：随着温度升高，情绪的程度也变得越来越强烈。情绪温度计分别体现了六种基本情绪的三种程度，可以帮助学生了解和认识六种情绪及其程度。学生可以用情绪温度计和表情卡进行配对练习。

学生匹配好情绪温度计和表情卡后，需要开始了解每一种情绪的动作线索和语言线索，老师可以用一些绘本故事或社交故事讲解情绪的动作线索和语言线索。（1）认识动作线索卡：在情绪变化过程中观察动作的变化，程度低时，没什么动作；程度中等时，开始有一些肢体动作；程度高时，动作多且幅度大。（2）认识语言线索卡：在情绪变化过程中观察语调的变化，程度低时，语调是平缓的；程度中等时，语调开始上扬；程度高时，语调夸张。

最后，学生要了解情绪变化曲线，通过曲线认识情绪的一般变化规律，了解情绪变化的关键点，并利用这些规律处理情绪。

表 5.1　六种基本情绪的三种程度

	程度低 （表情、动作、语言）	程度中等 （表情、动作、语言）	程度高 （表情、动作、语言）
开心	有一点开心	很开心	非常开心
难过	有一点难过	很难过	非常难过
生气	有一点生气	很生气	非常生气
害怕	有一点害怕	很害怕	非常害怕
惊讶	有一点惊讶	很惊讶	非常惊讶
厌恶	有一点厌恶	很厌恶	非常厌恶

应用场景 2：小组社交训练场景

该场景属于应用练习场景，可以是学校的社交学习小组，也可以是家庭。练习过程中，老师和家长用此辅具帮助学生分析情绪的程度和变化，进而了解处理情绪的方法。

应用场景 3：集体学习场景

经过在前两个场景中的学习和练习，学生可以在生活语文或生活适应课上，借助辅具理解课文中人物的情绪变化。

应用场景 4：交往互动场景

积累了一定的使用经验后，学生初步掌握了辅具的使用方法和模式。学生可以在更多的生活和学习场景中应用此辅具。此时，老师可让学生随身携带辅具，随时分析情绪状况。

（四）创新点

1.将情绪视觉化、模型化，支持多场景应用

本辅具将多种情绪的变化进行视觉化处理，支持孤独症学生在多种场景当中应用本辅具，逐渐形成分析情绪的思维模式，掌握情绪处理策略，最终脱离辅具的帮助。

2.立足孤独症学生视角，解决核心障碍

本辅具的设计以孤独症学生的视角出发，聚焦其核心障碍——社交，帮助孤独症学生分析周围人的情绪变化和掌握处理情绪的方法，减少社交中的焦虑感和挫败感。

三、辅具的制作

（一）制作材料

1.代表不同等级的开心、生气、悲伤、害怕、惊讶、厌恶的

表情图片或表情符号。

图 5.2　表情图片

2. 一张温度计图片。

图 5.3　温度计图片

3. 代表不同表情、音量、动作的图片或符号。

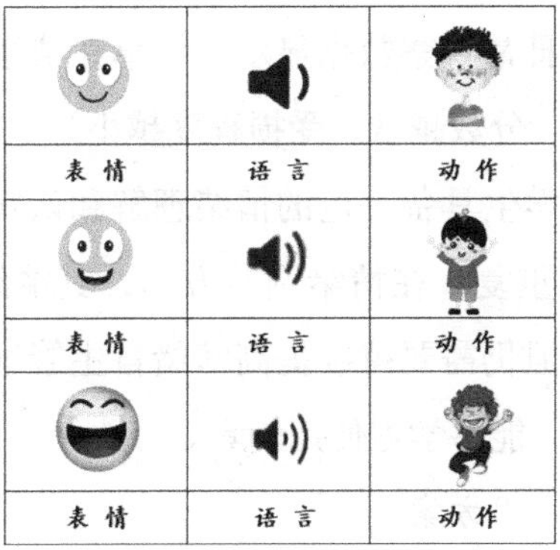

表 情	语 言	动 作
表 情	语 言	动 作
表 情	语 言	动 作

图 5.4　情绪模型

4. 卡纸、胶棒。

（二）制作步骤

1. 将情绪图片和情绪观察模型粘贴到卡纸上。

2. 将每一种表情图片和温度计图片匹配，让学生从温度计的温度变化，理解情绪的变化。

四、使用过程及效果

（一）使用初期学生表现及效果

1. 对学生进行评估

在应用辅具前，老师对学生进行了情绪认知相关方面的评估，以便能够更好地了解学生的情绪认知水平，提高辅具的适配性。

老师选用了《儿童情绪行为功能精准评估表》对学生进行前测。该评估表分为情绪理解、情绪表达、情绪调节和情绪表现四个部分，同时该评估表也可对亲子关系、同伴关系、师生关系进行初步评估。评估以问卷方式展开，由对学生十分了解的班主任填写问卷。

评估结果和日常观察数据显示，小卓在情绪行为功能方面的表现如下表所示（分数越低，受损程度越小）。

综上所述，学生具备一定的情绪理解和认知能力，在情绪表达上较为单一和重复，在情绪调节方面，其情绪体验较为单一，情绪较为稳定，但仍需要持续提高情绪自主管理能力。学生具备一定的认知能力，能够学习使用辅具。

2. 设计辅具应用方案

在评估后，根据学生的 IEP 目标，老师与家长共同设计了辅具应用方案。

表 5.2 学生情绪行为功能表现前测

情绪分数	情绪理解 9 分	在情绪理解方面，学生可以识别基本的情绪类型，能够根据明显的线索推测情绪发生的原因，对情绪的强度有感觉，但理解不深，对复杂情绪的识别有困难，自身产生复杂情绪的体验也较少。
情绪分数	情绪表达 5 分	基本用口语进行表达，表达方式单一，用动作、表情等其他方式表达的情况较少，在交往沟通过程中，也缺乏对语言、动作、表情方面的情绪线索的关注和分析。能够基本遵守社交礼仪和秩序准则，但是在表达的恰当性方面仍需要他人较高强度的提醒。
	情绪调节 4 分	情绪稳定性相对较好，情绪体验较少，情绪波动不太明显，但仍会出现遇到突发性事件不能灵活处理的情况，自主调节能力需要持续提高。
	情绪表现 19 分	未表现出焦虑、抑郁等情绪，偶尔会出现选择性的缄默行为，拒绝沟通。
人际关系	亲子关系	关系较为一般，容易与母亲产生冲突，出现不配合情况，不关注母亲的情绪。
	同伴关系	关系较为一般，与同学偶有冲突，能够接受老师的安抚和管理，不关注同学的情绪。
	师生关系	关系较为一般，容易不合时宜地重复表达自己的想法，打扰课堂，不关注老师及他人情绪。

表5.3　辅具应用方案

IEP 目标			训练中是否配合辅具	负责人
情绪的适度性	情绪理解	基本情绪强度的识别	是	老师
		基本情绪变化过程的理解	是	老师
		情绪情景的理解	是	老师
		情绪原因的理解	否	老师
	情绪表达	基本的情绪表达	是	老师、家长
情绪的调节	情绪调节	情绪诱导因素	否	家长
		情绪外部调节	否	家长
		情绪自我调节	是	老师、家长

3. 实施辅具应用方案

制订好辅具的应用方案后，老师和家长就要正式应用辅具。按照前文所述的操作方法，老师和家长依次在场景1—4中帮助学生学习使用辅具。老师在自我学习场景中进行了一对一教学，让学生了解情绪变化曲线，并尝试用情绪变化曲线复述故事角色或复盘自己、周围人的情绪行为。在使用辅具的过程中，老师还要及时做好效果记录。

4. 初期结果分析

使用初期阶段，老师的主要任务是教导学生使用辅具。通过在教学中应用辅具，学生对他人情绪的关注度有了更进一步的发展。前期老师主要借助绘本和社交故事帮助学生循序渐进地了解情绪的变化及其线索。但是，学生仍然需要通过练习和使用辅具，形成一定的思维模式，自主理解自己和周围人的情绪，并进行适当的调整。

（二）使用中期学生表现及效果

使用中期，老师拓展了学生使用辅具的场景，开始在小组教学和集体教学中教导学生使用辅具。本阶段学生学习的重点是如何在不同情景中使用辅具。

在小组教学中，老师要让组内学生明确活动内容和目标，让学生尝试独立准备辅具。例如，老师在活动前介绍："今天我们要一起读一个绘本，读完绘本后，请你们来介绍一下绘本中的人物出现了哪些情绪，表现程度是怎样的，整个故事中人物的情绪是如何变化的？想一想要完成这些任务，我们可以使用什么工具，请提前准备好。"

在集体教学中，老师在语文课堂中尝试使用辅具。在上课之前，老师要告诉学生本节课的主要内容和目标，并让学生准备辅具，在授课过程中，提示学生使用辅具帮助自己理解课文中人物的情绪。

老师也可以在特殊班的集体教学中使用电子版情绪温度计，帮助学生理解课文内容，将辅具作为教具。但需要注意的是，每个学生的起点可能不同，需要达成的目标也不尽相同，老师要熟悉班级整体情况和学生个体情况。在集体教学时，应围绕教学内容而不是辅具展开教学。

在此阶段，老师为学生拓展了使用辅具的场景，让学生更加深刻地体会到辅具的作用，使学生能主动使用辅具。

在此阶段，学生对情绪线索的理解较为深入，并开始有意识地关注周围人的情绪变化，偶尔会出现主动解读同伴情绪的行为，如"××特别生气，把课本都扔到了地上，还大声地叫喊，我知道他一定特别生气，我不能惹他继续生气，他过一会儿可能会好一点"。

（三）使用末期学生表现及效果

使用末期，老师要为学生创造更多独立使用辅具的机会。学生要尽量在学校、家庭和社区中都使用辅具。这样学生才能真正掌握处理情绪的技能。

表5.4　学生情绪行为功能表现后测

情绪分数	情绪理解 5 分	在情绪理解方面，学生可以识别基本的情绪类型，能够根据表情、动作、语言的线索推测情绪发生的原因，描述情绪的强度。
	情绪表达 3 分	主要用口语进行表达，在具体情境中可以通过动作、表情等非语言方式表达，能够有意识地关注并分析语言、动作、表情方面的线索，能够基本遵守社交礼仪和秩序准则。
	情绪调节 3 分	学生的情绪稳定性相对较好，通过阅读课文、社交故事等活动，间接体验情绪的多种表现程度，自主调节情绪的能力有所提高。
	情绪表现 15 分	学生未表现出焦虑、抑郁等情绪，偶尔会出现选择性的缄默行为。

在这个阶段，电子辅具和体积较大的实物辅具体现出携带不方便的特点。老师可以通过缩小辅具的尺寸、增加卡片的硬度、减少卡片的数量，让情绪温度计便于学生随时拿取。在这个阶

段，辅具要成为一种提示思路的工具，帮助学生形成思维模式，降低辅具的使用频率，让学生最终可以不依赖辅具识别并处理情绪。

此外，老师还要对学生进行后测，了解辅具的使用效果。

五、反思及建议

（一）辅具的价值

在孤独症谱系群体中，孤独症学生的情绪管理能力的发展是最具有挑战性的难题。情绪管理能力影响着孤独症学生适应社会生活的情况，以及在学业上的表现。本辅具在社交故事方法的基础上，结合孤独症学生的认知特点及学习方式，通过视觉化的图示模型，帮助孤独症学生更好地建立情绪处理模式，应对不同场景中的情绪问题，解决了社交故事不能随时随地开展、不容易泛化的问题。

当前，不论是在特殊教育班级还是有特殊需要学生的普通班级，学生的个别化教育需求都开始呈现多元化的特点，这就向老师和学校提出了更高的要求。本辅具的设计和应用体现了通用教学设计的思想。

（二）使用的感受

在辅具使用的过程中，学生可以得到一定的成就感，将较为抽象的情绪可视化，并建立思维模式。孤独症群体差异化较大，本案例中的小卓有轻度孤独症，具有一定的认知能力，这也使本辅具有了使用的可行性。设计和使用辅具前对学生进行充分的分析也能使辅具更具精准性和科学性。

对于其他孤独症学生能否使用本辅具，还需要老师结合学生的具体情况判断。

（三）使用的不足

小卓具有一定的认知能力，可以理解简单的符号，这大大降低了辅具的制作难度，老师可以选择简单的卡通符号制作表情卡。但是如果学生不具备理解符号的能力，辅具的制作将会具有较高难度，老师需要结合学生情况进行设计。

（四）可以进一步改进方向

后期，老师可以让学生借助辅具完成"我的情绪日记"练习。老师还可以拓展辅具的使用场景，优化辅具的适应性，让其适用于更多的学生。

案例 11　情绪红绿灯

一、特殊需要学生基本情况

（一）基本表现

浩浩，男，7岁，有轻度阿斯伯格综合征，就读于融合教育学校。

浩浩具备一定的学习能力。对于感兴趣的学科，浩浩能跟上老师上课的节奏，完成课后作业，且正确率较高，但书写的整齐度有待提升，其学习成绩在班级中处于中上等。浩浩喜欢科学课，爱好画画。但对于不感兴趣的或者存在一定困难的学科，浩浩在课上经常出现注意力不集中，甚至不跟随老师的教学节奏，自己低头画画的情况。班主任老师反映浩浩的思维较为灵活，理解力不错，具有基础的沟通能力。

在社交情绪方面，浩浩在校情绪较为焦虑，容易情绪失控，在情绪失控时会打同学，砸黑板，在地上打滚、尖叫，和同学、老师大吵大闹，大哭不停。平时，老师的评价、学业上出现的错误及同学的提醒等都可能导致他情绪崩溃。例如，老师提醒他回答问题时要起立，他会非常生气；他的桌面凌乱、座位周围卫生环境糟糕，同学帮忙捡起座位旁边的废纸，他也会对同学生气。他还经常说些不合时宜的话，在小组讨论中和同学起冲突。

刚入学时，班里有个别同学愿意和浩浩一起玩，觉得他画的画以及玩的游戏很有意思，但是随着浩浩情绪失控频率的增加和攻击性行为的增多，同学们为自身安全考虑，都渐渐疏远他。于是，浩浩渐渐游离在班级集体之外。

（二）亟须解决的问题

浩浩在社会交往和情绪方面存在较大的问题，需要辅导和帮助。通过对浩浩的评估，老师发现浩浩在情绪识别和情绪表达上存在较大问题，不能通过他人的面部表情识别他人的情绪，对于生气、愤怒等情绪的判断不准确，经常把他人的正常情绪识别为负面情绪，因此容易感受到敌意，给自己带来焦虑的同时影响和他人的社会交往。同时浩浩无法很好地表达自己的想法，如当他的私人物品被挪动时，他会表现得非常焦虑和气愤，并冲撞他人。此外，他对社会性情绪的感知和理解能力较弱，对同学间的玩笑和老师的提醒的理解不准确。因此，帮助浩浩提升情绪识别和理解能力，帮助他觉察和调节强烈情绪、保持情绪的稳定是老师的重要目标。

三、辅具的设计

（一）辅具照片

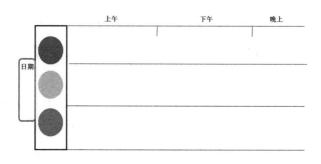

图 5.5　情绪红绿灯

（二）辅具用途

情绪红绿灯的主要用途是帮助学生觉察自我情绪，帮助学生"看见"自己的情绪，并通过盖章的动作了解和调整正在发生的情绪。同时红灯到绿灯的转化可以引导学生看到情绪的流动，从而带动学生利用黄灯调节情绪，掌握调节愤怒、焦虑等消极情绪的方法，从以往的"情绪－发泄"行为模式向"看到情绪－积极暂停－调控情绪－恢复稳定"的行为模式转变。此外，情绪曲线图可以帮助学生看到自己情绪的一般规律，并感受到自己的情绪控制能力的变化，增加情绪管理的信心。

（三）操作方法

情绪红绿灯的操作方法简单易行。在学生使用前，老师需要带领学生理解红绿灯对应的情绪类型，学会感知自己的情绪，帮助学生养成使用情绪红绿灯的习惯。这是学生顺利使用这一辅具的基础，具体操作方法如下。

1.带领学生感受生活中不同的情绪带来的不同影响，如生气、愤怒等消极情绪对社交和学习的负面影响，高兴、愉悦等积极情绪带来的正面影响，激发学生想要改变的动力。

2.用道路中帮助交通正常运行的红绿灯作类比，帮助学生理解愤怒等情绪就像红灯一样需要暂停，否则就容易让自己或他人受影响；黄灯就是我们暂停后可以采用的调节方法；开心快乐等情绪就像绿灯一样，让人可以顺畅行驶。让学生理解情绪红绿灯可以帮助我们觉察自己的情绪状态，对情绪进行调节，让自己的生活和学习顺利进行。

3.介绍红绿灯小印章，让学生选择自己喜欢的印章对应不同颜色的灯，并且带领学生通过盖章记录当下的情绪，比如现在很开心，觉得心情愉悦，可以在绿灯栏盖一个绿色的印章，如果现在特别不开心，想要大喊大叫，觉得很生气，可以在红灯栏盖一个红色的印章，还可以边盖边说我很生气，然后选择一个黄色印章提醒自己也许可以采用哪种方式调节。学生在体验后如果感觉情绪有所缓解，可以在对应的绿灯区盖上一个印章，告诉自己感受还不错。

4.一周后，学生可根据卡片中不同颜色印章的数量绘制一周情绪曲线图，观察自己的情绪变化，看到自己在情绪调节方面取得的进步。

（四）创新点

情绪红绿灯的创新点主要有以下两点。

1.操作简单，便于使用。印章和红绿灯都是学生非常熟悉的物品，便于学生理解和使用，也增强了学生的兴趣。

2.用视觉化的形式呈现情绪，促进对情绪的认识和理解。情绪红绿灯的设计，便于让学生区分消极情绪和积极情绪，并通过红绿灯上不同颜色的意象对学生进行心理暗示，如红灯代表停，无形中暗示学生，消极情绪尤其是愤怒情绪需要暂停，红灯和绿灯的转化，引导学生意识到不同情绪的转化，为学习情绪调节的方法做铺垫。

二、辅具的制作

（一）制作材料

卡纸，情绪红绿灯，红、黄、绿三种颜色的印章各一枚，情绪调节方法示意图。

（二）制作步骤

1.打印情绪红绿灯并贴在卡纸上。

2.学生选择喜欢的红、黄、绿三种颜色的印章分别对应红灯、黄灯和绿灯。

图5.6 印章

3.收集和制作适合学生的调节情绪方法示意图，贴在卡纸后面，便于学生快速找到恰当的调节情绪的方法。

图 5.7 情绪调节方法示意图

4. 制作并打印表格，帮助学生记录自己的情绪，观察自己的情绪变化。

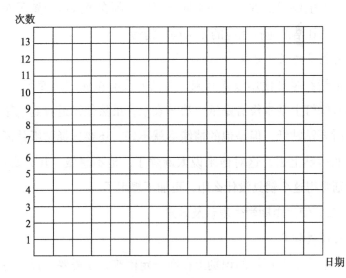

图 5.8 情绪变化曲线

四、使用过程及效果

（一）使用初期学生表现及效果

1. 关系建立和辅具教学

因为浩浩最近几个月经常在班里情绪失控，班主任希望特教老师通过个体辅导和训练帮助浩浩学会管理情绪，与班级同学友好相处。特教老师采取游戏治疗的方式，营造宽松和安全感的氛围，和浩浩建立信任关系。随后，老师利用绘本《情绪小怪兽》，带领学生理解情绪，感受不同情绪带来的不同感觉。

2. 辅具的使用

最初，老师让学生使用情绪贴纸而不是盖章记录情绪。当情绪爆发时，学生在红灯区贴上相应的消极情绪贴纸，当心情愉悦时，学生在绿灯区贴上相应的积极情绪贴纸。老师期待在这个过程中浩浩能够感知到自己的不同情绪。老师在黄灯区设置了对应的方法，让浩浩选择相应的方法调控情绪。

3. 辅具使用的效果

情绪红绿灯使用效果有限，浩浩并没有按照约定使用辅具，情绪红绿灯上基本没有贴纸。浩浩表示，虽然他知道看到情绪红绿灯时要贴贴纸，但是他的情绪本就不好，还要选择贴纸并撕下来，然后贴上去，这对他来说太麻烦了，他不想做。几天之后，他渐渐觉得这个辅具没什么用，更加不想用了。

（二）使用中期学生表现及效果

1. 改进辅具

浩浩本身在情绪的识别上存在一定困难，还需要在强烈情绪下完成"暂停情绪－识别情绪－调整情绪－恢复稳定"这一较为复杂的任务，这对他来说难度太大了。所以，辅具更便于使用，同时使用时情绪还能得到宣泄，是促进浩浩使用辅具的关键。于是，老师改进了辅具，降低了其操作难度，将贴纸改为不同颜色的印章，这一改动，原因一是不同颜色的印章呼应红绿灯的不同颜色，表达情绪更为直观，二是盖章动作简单易行，而且可以帮助浩浩宣泄情绪。

2. 辅具的使用

情绪红绿灯依然被粘贴在浩浩桌面的中间偏左位置，同时老师在他的笔袋中放置了两枚代表红灯和绿灯的印章，这两枚印章是浩浩自己选择的，他平时看到老师盖章很羡慕，现在自己也可以盖章啦，他觉得很好玩。

当浩浩感受到强烈的负面情绪时，使用红色印章在红灯区盖章，力度随他自己。当浩浩感觉开心时，使用绿色印章在绿灯区盖章。每到一对一教学时间，老师会统计浩浩每天在红灯区和绿灯区盖章的数量，并绘制成情绪变化曲线，帮助浩浩看见自己的情绪变化和使用辅具后的进步，强化他对积极情绪的体验，减少焦虑情绪。

3. 辅具的使用效果

通过两个星期的巩固练习，浩浩已经渐渐习惯了使用情绪红绿灯调节自己的情绪。情绪变化曲线让浩浩看到了自己的情绪变化，并从负面情绪爆发次数的减少中看到了情绪管理的成果，增加了学习情绪调控方法的动力。

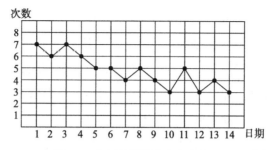

图 5.9 负面情绪爆发次数曲线图

（三）使用末期学生表现及效果

1. 辅具改进

本阶段，老师使用辅具的主要目的是帮助浩浩掌握适当的情绪调节方法，帮助浩浩在产生强烈的情绪时冷静下来。具体策略如下。

（1）放松练习：7-11 呼吸法。学生吸气的时候默念"seven"，呼气的时候默念"eleven"，重复五次。学生通过调整呼吸节奏放松身体，进而放松心理。

（2）感官转移：如果学生感到生气，可以拍手，可以捏泡泡纸或解压球，可以闻自己喜欢的气味，通过感官刺激转移注意力，调控情绪。

（3）休息放松：学生可以出去走走，离开引起情绪的环境，找一个安静的地方坐一会儿，在休息中平复情绪。

（4）转换活动：暂停当前的活动，做一些自己感兴趣的事，如读书、画画等。

（5）自我暗示：学生用"我很棒""我可以做得更好""我只是这次没做好"等语言进行自我暗示，避免陷入自我否认的消极思维中，进而触发强烈的情绪反应。

（6）寻求帮助：学生写下可以支持自己的人的名单，需要时寻求他们的帮助。

2. 情绪辅具的使用

为了帮助浩浩学习调控情绪，浩浩的老师和家长都要了解调节情绪的方法，帮助浩浩使用这些方法。例如，当浩浩感到非常愤怒，握紧拳头想要攻击他人时，老师和家长可以及时给出语言提示，如"浩浩特别棒，握紧拳头，1、2、3……10，不断紧握，握到无法再握，然后慢慢放松"，以此帮助浩浩把握紧拳头——攻击的行为转变成握紧拳头——放松的行为。

此外，老师依旧在一对一教学时间，和浩浩一起绘制情绪变化曲线图，复盘情绪管理的具体情况。

3. 辅具的使用效果

使用辅具之后，班主任反馈浩浩进步较大，开始有意识地管理自己的情绪，情绪失控的频率在逐渐减少，和同学之间因为情绪产生冲突的情况也在减少，也开始主动向老师求助。浩浩自己也感觉发脾气的次数减少了。在同学有情绪的时候，浩浩还自制了一张情绪红绿灯，并在黄灯栏写上了建议的调节方法帮助同学。

图 5.10 浩浩的情绪红绿灯印章图

五、反思及建议

本辅具用学生熟悉的红绿灯作类比，帮助学生认识和觉察自己不同类型的情绪，通过盖章的方式帮助学生暂停情绪并进行自我提示，让学生在练习中找到适合自己的情绪调节方法。在辅具的使用过程中，以下两点对于辅具的实用性起到了关键作用。

（一）辅具发挥作用的关键

1. 激发兴趣，培养习惯

虽然本辅具使用起来很简单，但要让学生养成使用习惯，需要从学生固有的情绪行为模式入手，引导学生用盖章的方式建立新的情绪行为模式。这对学生而言是一件非常具有挑战性的事情。因此如何让这件事情变得有趣，以及如何强化学生的行为很重要。在开始之前，老师用绘本《情绪小怪兽》帮助学生认识情绪，并意识到不是自己有问题，只是情绪出了点问题，增强学生解决情绪问题的信心。随后，老师把学生经常发脾气解释为一只生气的小怪兽经常出现而影响了学生，并告诉学生可以用情绪红绿灯让这个小怪兽停止行动，以激发学生的兴趣。

2. 多方协作，提升效果

科任老师和家长是学生日常接触最多的人，他们也是在学生面临问题时能给出最直接帮助的人。在训练中，老师通过反馈得知学生识别负面情绪的能力有待提升，学生容易把难过、紧张、伤心等情绪理解为愤怒，最终导致误解他人，甚至攻击他人。因此老师应该让大家意识到学生的困难，意识到学生并不是故意攻击他人，从而避免指责学生，引发学生更大的情绪波动。同时，老师应提醒和带动学生运用情绪红绿灯中黄灯对应的情绪调节方法，并及时肯定学生，帮助学生看到自己的进步，从而提升学生在情绪管理方面的信心。

同时，老师建议家长每晚采用同样的方式回应学生使用情绪红绿灯的行为，强化学生对辅具的使用，比如家长可以和孩子分享自己一天的情绪记录，带动学生对一天的情绪进行复盘，从而更好地觉察和反思自己的情绪。如果家长发现学生的积极情绪较少，可以在晚上和学生回忆一天中各自的开心时刻，增加学生的积极情绪体验。当学生发现生活中原来有这么多小小的快乐和美好的时候，他的焦虑感会减少，安全感会增加，消极情绪的爆发也会减少。

（二）反思和改进

本辅具在使用过程中依然有许多需要反思和改进的地方。尤其是以下两点。

1. 循序渐进，提升技能

训练应该基于学生当下的能力水平。在使用辅具进行训练的初期，老师试图通过用情绪贴纸训练学生的情绪管理能力，但是效果不太好，学生甚至产生了挫败感。于是，老师将贴纸改为学生喜欢也更直接的方式——盖章。学生难以在认识情绪的同时学习调节情绪。老师就让学生先观察红绿灯，再学习调节情绪的方法。这些调整让训练更贴近学生的现有能力，让学生在看得见的进步中体会使用辅具的乐趣，从而提升了学生的信心，为训练带来实效。

2. 调整完善，增加维度

本辅具是针对学生情绪容易失控的问题设计的，旨在帮助学生暂停情绪失控下的冲动和攻击性行为，找到适合自己的情绪调节方法。后续，老师可以把情绪红绿灯设计得更加丰富，帮助学生区分不同情境下的情绪类型，如生气，焦虑，紧张等，增加学生对情绪的感知能力，从而帮助学生识别不同的情绪，进一步丰富自己的情绪体验，提升自己管理情绪的能力。

第六章 注意与记忆类辅具

 注意是指心理意识对一定对象的选择性（指向性）和集中性。注意力不集中的原因主要有三类：第一是儿童大脑功能发育不协调，即感觉统合失调；第二是抗干扰能力弱，容易受外界信息干扰；第三是听觉记忆广度不足，即短时记忆较弱。一些后天因素也会分散儿童的注意力，例如，长时间地看电视、玩电脑，生活没有计划性，做事没有条理性，没有养成良好的学习和生活习惯，家长没有起到榜样作用。记忆是大脑对信息的编码、存储和提取过程。注意贯穿记忆的整个过程，从信息的选择、编码、巩固到提取都起着至关重要的作用。因此，注意力不集中会导致学生表现出各种问题行为，学生的学业表现也会受到不良影响。

 下面就以两个案例具体阐述注意与记忆类辅具在实际教学中的应用。这两个案例分别是朝阳区花家地实验小学的吴志慧老师选用的触觉平衡垫和北京市朝阳区白家庄小学迎曦分校的张薇老师设计的汉字书写辅助书空卡。

案例 12　触觉平衡垫

一、特殊需要学生基本情况

（一）基本表现

小希，男，11 岁，就读于融合教育学校。

小希上课听讲专注度低，易被课堂上的其他因素干扰。上课时，小希只听自己感兴趣的内容，一旦有想法会不经老师允许就表达，即使老师提示他要遵守发言的规则，他也置若罔闻，执意把自己想要表达的内容说完，他的这一行为干扰了课堂的正常秩序。例如，老师在讲《狼牙山五壮士》这一课时，由于课文中的故事背景离学生的现实生活比较远，小希表现出不认真听课的状态，一会儿抠抠手，一会儿玩玩笔。当老师播放壮士跳崖这一段内容的教学视频时，他觉得比较有意思，和同学一起观看视频。但是如果某一段教学视频非常有趣，他会不受控制地大声笑。他的行为导致一些科任老师必须更加仔细地甄选教学材料。小希很聪明，学习能力非常强，在信息课上做程序设计时，他非常有想法，能圆满完成课堂任务。在其他学科上也是这样，如果他认真对待，都会有不错的学业表现。只是他对自己没有要求，课上不专注，课下也不认真完成作业。

小希在生活、学习中都缺少朋友。小希的家长平时比较忙，很少和他互动，他日常只能和妹妹互动。他和妹妹的交流内容偏低龄化，所以他在各方面都表现得不够成熟。他总是招惹他人，所以同学们不爱和他玩。经过观察，老师发现小希渴望和其他同学相处，但总是无法采用恰当的方法，总是让同学感到非常不舒服，所以同学们都不愿意和他相处。比如，别人画了一幅漂亮的画，大家都参与点评，他也想表达，但他不说画得好的地方，只说不好的地方，让人不太能接受；他不经允许就把同学做的小手工拿起来玩，玩坏了还不道歉，反而说别人做得不结实；他会跳十人八字绳，但总是嘲笑不会跳的同学。小希比较尊敬老师，当老师指出他的错误时，他会承认，但就是无法改正。他偶尔也会真诚地说一些贴心的话，如老师穿了好看的衣服，他会夸奖；老师身体不舒服，他也会表达关心。

（二）亟须解决的问题

老师根据小希课上的表现和家长的反馈，认为他存在多动倾向。小希聪明、有能力，但是他对自己及他的家长对他都没有要求。小希缺少进步的动力。社交技能可以通过建立自信慢慢提升，建立自信的前提是不断地提升自己。如果他各方面都有突出的表现，同学们也会慢慢尝试和他相处。他的课堂表现是亟待解决的问题。他平时课上专注度低，能主动听讲和学习的时间不足三分之一，大部分时间里，他都在走神。他易被其他事情影响，经常东看看、西望望，总是需要老师提醒才能集中注意力，比如课堂上他发现其他学生的咬笔行为，会不经允许随意说出，破坏课堂氛围。根据他的行为表现，老师重点采用两种方式对他进行干预。一个是给予视觉方面的提示，将提示卡放在他的桌子上，另一个是借助辅助工具——触觉平衡垫提升他的专注度，让他全身心投入课堂，不影响他人，进而优化班级课堂氛围。

二、辅具的设计

（一）辅具照片

正面

反面

图 6.1　触觉平衡垫

（二）辅具用途

感觉统合训练主要有以下几个方面：加强触觉学习，增强前庭觉、本体觉功能，通过运动加强感觉统合功能。感觉统合训练的各种器材都是经过特别设计的，通过使用这些器材训练，儿童可获得大量感觉刺激，从而促进感觉统合功能的提升。常见的感觉统合训练器材有触觉训练器材、前庭觉训练器材、本体觉训练器材。触觉平衡垫属于触觉训练器材的一种，主要作用是提供触觉刺激，强化皮肤、肌肉、关节的神经感应，辨识感觉层次，调整大脑感觉神经的灵敏度。它还会通过给予学生不同的触感，对学生的前庭系统产生刺激，有助于学生保持姿势，促进学生注意力的提升，对本体觉的形成也有很大帮助。

（三）操作方法

针对学生的表现和问题，老师选择了便于操作的触觉平衡垫。课上，老师将触觉平衡垫放在椅子上，让学生坐在上面。由于触觉平衡垫内充满气体，学生坐在上面会晃动，学生需要运用力量控制平衡垫保持稳定。老师以此让学生减少其他行为，专注于学习。

课下，老师将触觉平衡垫置于地面，让学生踩在上面，用核心力量控制整个身体保持平衡。

老师还主动与家长沟通合作，请家长配合老师用以下三种方法训练学生。

用法一：原地踏步。孩子双脚站在平衡垫上保持平衡，待稳定后，在平衡垫上做原地踏步动作，时间约三分钟。

用法二：平衡串珠。孩子双脚站在平衡垫上保持下蹲姿势，待稳定后，尝试蹲在平衡垫上完成串珠游戏，时间约三分钟。

用法三：平衡跳跃。孩子双脚站在平衡垫上保持平衡，待稳定后，双脚分开跳跃，让双脚落到地面上，然后双脚再跳到平衡垫上，重复数次，时间约三分钟。

（四）创新点

老师将感觉统合训练中的平衡垫用于日常上课中，并根据学生的表现，循序渐进地对学生进行训练。平衡垫上的触点可以带来触觉刺激，可以用于触觉训练，提高学生的平衡能力、身体协调性以及前庭觉功能，同时还可以锻炼学生的下肢力量。后期增加的串珠游戏还可以锻炼学生的专注力和手部精细动作能力。

三、辅具的制作

在各大网购平台搜索关键词"触觉平衡垫"即可购买。建议选购由环保材料制成的、透气性强的触觉平衡垫。平衡垫的正面为高密度排列的按摩胶钉，可以刺激穴位，全方位按摩肌肉，且柔软无刺痛感。平衡垫的背面光滑平整，可以用来提高平衡能力。

四、使用过程及效果

（一）使用初期学生表现及效果

使用初期，学生对触觉平衡垫非常好奇，以至于课上非但没有认真听讲，反而表现得更加兴奋。老师通过让学生上课时坐在触觉平衡垫上保持平衡帮助学生集中注意力，减少其他问题行为。但由于学生的好奇心理，他会把触觉平衡垫拿起来研究，还会和同伴分享，以至于在课堂上表现得更亢奋。同学们对他的辅具也非常感兴趣，课上会关注小希，课下会第一时间询问他的感受以及辅具的用途。因为同学积极地与小希交流，他特别高兴，觉得同学都能主动关注他，也就不排斥这个辅具，还把它作为一个奖励与其他同学分享。老师就此与他沟通，让他明白这是一个帮助他养成好习惯的用具。

小希最开始不能平稳地坐在触觉平衡垫上，总是晃来晃去，但是他也在尽可能地保持平衡。触觉平衡垫的应用使他在课堂上少了一些与他人说话的机会，变得更加遵守纪律，但是他偶尔还会研究这个坐垫。经过一段时间的适应，小希已经对触觉平衡垫没有那么强烈的兴趣了，他会按照老师的要求坐在触觉平衡垫上，上课时的专注度也有所提升。这是触觉平衡垫最基本的用法之一，这种用法会让学生的臀部力量有所提升，但对于其他部位的作用比较小。

图 6.2　上课时使用触觉平衡垫

（二）使用中期学生表现及效果

使用中期，学生已经非常了解并适应触觉平衡垫了。这一阶段老师应慢慢拓展触觉平衡垫的使用方式，帮助学生更好地应用辅具，提升核心力量。老师让学生下课时站在平衡垫上。由于平衡垫中的气体较多，站在上面很难保持平衡，学生不能长时间站在上面，所以一开始，老师让学生扶墙接受挑战，然后慢慢撤除墙面的助力。经过训练，学生能够保持平衡的时间越来越长，学生对平衡垫的控制越来越好。之后，老师让学生脱鞋后站在上面。鞋底具有一定支撑性，可以帮助学生控制平衡，脱鞋后，学生的腿部、脚部力量得到了更好的锻炼。

图6.3 学生借助触觉平衡垫训练

这一阶段，学生的自信心有了很大提升，他对自己也有了要求。训练过程中，老师持续与其家长沟通，并监督学生的课堂行为，综合运用行为观察记录表与触觉平衡垫。行为观察记录表显示，学生的问题行为明显减少，能够更认真、更专注地听讲，课上回答问题也变得积极了。

行为观察记录表					
学生：小希	目标行为：课上随意说话				
2.20-2.24	周一	周二	周三	周四	周五
第1节课					
第2节课				1	
第3节课					
第4节课		1			
第5节课			1		
第6节课				1	

行为观察记录表					
学生：小希	目标行为：课上随意说话				
2.27-3.3	周一	周二	周三	周四	周五
第1节课					
第2节课					
第3节课			1	1	1
第4节课					
第5节课					
第6节课					

行为观察记录表					
学生：小希	目标行为：课上随意说话				
3.6-3.10	周一	周二	周三	周四	周五
第1节课					
第2节课				1	
第3节课					
第4节课	1				
第5节课					
第6节课					

行为观察记录表					
学生：小希	目标行为：课上随意说话				
3.13-3.17	周一	周二	周三	周四	周五
第1节课					
第2节课					
第3节课					
第4节课	1				
第5节课					
第6节课			1	1	

图 6.4　课堂行为观察记录表

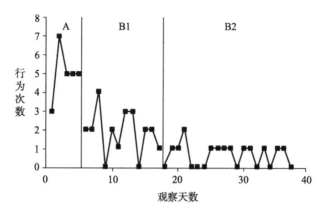

图6.5 课堂行为观察记录统计表

（三）使用末期学生表现及效果

在这一阶段，学生通过使用触觉平衡垫，有了一些改变。但是学生仅在学校使用触觉平衡垫，这样并不能发挥触觉平衡垫的最好效果。平衡垫的使用方式还有很多，如原地踏步、平衡串珠、平衡跳跃等。老师和家长沟通，让学生在家里以更多的方式使用触觉平衡垫。

通过和特殊教育专家的沟通，老师还为学生增加了其他运动训练。这些运动训练可以改善学生的多动行为，同时强化学生的核心力量。根据学生的时间，老师安排学生在课间、中午、课后活动等时间段进行运动训练。

方式一：跳绳。每组150下，6组。

方式二：大象转圈。左右各10圈为一组，5组。

方式三：立定跳远。每组30下，4组。

方式四：慢跑800米。

方式五：攀爬横杆。一正一反为一组，5组。

方式六：练习打玩具枪。每组 5 下，3 组。

通过一段时间的触觉平衡垫训练，学生从日常表现到学习成绩都有很明显的进步。学生上课时的听课状态有了明显改善，能够做到不打扰他人，专注于课堂，并受到科任老师多次表扬。家长也反馈孩子在家里的表现不一样了，写作业更加积极，兴趣更加广泛，学习劲头十足。学生的期末考试成绩为：语文 90.5 分，数学 97 分，英语 96 分，较之前有非常大的提升。学生学习表现的转变也促进了他在其他学校活动中的积极参与。在学校的十人八字绳比赛中，他不仅自己跳得很好，还给同学提示，教大家找诀窍，为班级取得好名次做出了贡献。在学校的合唱比赛中，他还担任了班级主唱之一。那段时间，家里、学校里都有他认真背歌词、找点位的身影。最后班级在合唱比赛中获得了最佳班级奖和最具创意班级奖，他非常高兴。

五、反思及建议

（一）触觉平衡垫的应用方式局限

触觉平衡垫的使用方式比较简单，以脚部、臀部的训练为主，缺少对身体其他部位的触觉刺激。如果老师能增加手部的触觉训练会更好。手部、脚部都是触觉感受最为敏感的部位。老师还可以将视觉训练、听觉训练、前庭觉训练等相融合，增加旋转、摇摆等动作的训练。

（二）触觉平衡垫对低年龄段学生的使用效果更显著

在学龄前阶段，儿童的专注力会逐渐形成。家长应在此阶段及时、有效地培养儿童的专注力。专注力的培养还可以促进儿童逻辑思维能力、阅读能力的提升，从而激发儿童的学习兴趣。这与感觉统合训练的四个阶段——预防期（0—3岁）、黄金期（3—6岁）、弥补期（6—8岁）、末期（8—12岁）的效果一致。本案例中，小希的年龄较大，老师必须配合其他教学手段，才能提升其专注力，如果更早介入，会有更好的效果。

案例13 汉字书写辅助书空卡

一、特殊需要学生基本情况

（一）基本表现

小泽，男，9岁，有注意缺陷多动障碍，就读于某融合教育学校。

专业人员用韦克斯勒儿童智力量表为小泽做评估，评估结果是语言部分98分，操作部分77分，总智商87分。可以看到，小泽的操作能力要明显低于同龄儿童。

在认知能力方面，小泽能理解直观、形象的事物，抽象概括思维能力较弱。小泽的短时记忆能力较好，能够记住部分教学内容；对于感兴趣的学习内容能短暂维持注意力，时长为5～8分钟。但是小泽的长时记忆能力较差，容易遗忘，注意力维持时间短，选择性注意力弱，容易分心并伴有注意力分配困难。

在沟通能力方面，小泽的语言表达能力较强，表达有条理性，能与人进行沟通，能理解较复杂的话语，具有一定的逻辑思维能力，但是表达内容不完整，表达的积极性不高。

在学习上，小泽有一定的求知欲，课上喜欢举手发言，愿意参与各种活动。小泽在学习时依赖性较强，需要在家长或老师的陪伴督促下完成作业。小泽在读文章时容易落字，读错字，只能读懂简单的句子。

小泽能够处理好人际关系，并且能够很好地与老师、同学交往。小泽情绪稳定，乐观开朗，情商较高，平时愿意帮助有困难的同学。但是小泽经常在课堂上出现多动行为，如随意下座位、说话等，且容易走神、冲动，有时还会发脾气。

（二）亟须解决的问题

小泽的视动协调能力较弱，手腕力量弱，同时髂腰肌力量不足。由于腕部力量较弱，小泽在写字时容易累，容易写着写着就走神。这也导致小泽在写字的时候，容易落字，写错字。小泽写字的速度很慢，每天都花费很长时间写家庭作业。他的字迹也十分潦草。因此，他的学业成绩总处于合格边缘。

基于学生的情况，老师设计了一款实用性教学辅具——书空卡。书空卡的作用是通过可视化支持，帮助学生集中注意力，以书空的方式，缓解写字容易累的问题，让学生习得高效的书写方法，最终达到规范书写、识字、认字的目的。老师在教学生学习生字时，常要求学生先进行书空，但是这对 ADHD 学生来说存在一定困难。书空卡可提供视觉支持，学生在书空卡上书写汉字，能够更长时间地集中注意力并进行汉字间架结构、笔顺等练习，从而更好地书写汉字。

二、辅具的设计

（一）辅具照片

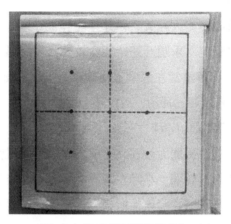

图 6.6　汉字书写辅助书空卡

（二）辅具用途

书空练习是小学低年级写字教学的重要辅助手段，可以帮助学生加深对字形的记忆，规范书写笔顺，对提高学生的识字、写字能力有事半功倍的效果。传统的书空书写要求学生伸出食指，边书空边说出笔画名称。这对于普通学生来说能够起到练习书写的作用，但是对于一些特殊需要学生来说作用并不明显。ADHD学生在书空的时候对汉字笔画的构成和整体结构缺乏认知，注意力方面的障碍也导致他们不容易记住汉字的笔画组成。书空卡能够引起学生的学习兴趣，帮助学生集中注意力，辅助学生更准确地书写汉字。

（三）操作方法

田字格是一种用于规范汉字书写格式的模板，包括四边框和横中线、竖中线。横中线和竖中线可以帮助学生判断起笔位置和收笔位置。但是这种辅助对 ADHD 学生来说作用不大。学生经常会写偏。书空卡在田字格的基础之上加了九个点（如图 6.6），使得学生在使用书空卡的时候能够更准确地确定起笔和收笔的位置。

例如，老师在教学生写"王"字的时候，告诉学生第一笔的横起笔的位置在田字格的左上格。对于 ADHD 学生来说，左上格也很大，起笔的位置不好确定。如果老师让学生使用书空卡，就可以告诉学生要从左上点的位置起笔，在右上点的位置收笔。书空卡上的九个点能更准确地帮助学生确定笔画在格子中的位置，从而帮助学生更精准地识记字的结构。

（四）创新点

汉字书写辅助书空卡的设计以书空教学方法为基础。书空卡为学生提供了视觉提示和触觉刺激，让学生通过视觉、听觉、触觉等多感官识记汉字，还能帮助学生集中注意力。另外，书空卡中有九个点，可以帮助学生在书写过程中，准确地找到起笔位置和收笔位置，更好地确定字的间架结构。书空卡能很好地帮助 ADHD 学生纠正因注意力不集中导致的丢笔画、笔顺错乱等问题。

三、辅具的制作

（一）制作材料

透明塑料书皮、硬纸板。

（二）制作步骤

1. 将硬纸板裁成边长为 20 厘米的正方形。

2. 在硬纸板上画出田字格。

3. 在田字格上画出 9 个定位点。

4. 把透明塑料书皮剪裁成与硬纸板同样大小，然后把书皮包在硬纸板上。

四、使用过程及效果

（一）使用初期学生表现及效果

初期，汉字书写辅助书空卡主要应用于生字教学中。老师发现普通的书空练习，即在空中书空，对小泽的帮助不大，因此设计了一张书空卡，让小泽在书空卡上书空。书空卡起初只是一张中间画有一个较大的田字格的纸。一开始，小泽不习惯使用书空卡，因为直接书空对于他来说比较方便，所以总是容易忘记用书空卡。因此，老师为他安排了一名助学伙伴并让助学伙伴提示小泽使用书空卡。由此，小泽能够借助书空卡进行书写。

小泽使用简易书空卡一个月之后，通过对比使用书空卡前后小泽的书写情况，老师发现小泽能够把字正确地写进田字格中，但是字迹依然有些乱，笔顺不正确，间架结构也不美观，借助书空卡练习的效果不明显。而且，由一张纸制成的书空卡容易出现折皱，也容易遗失，不便于使用。此外，由于班中只有小泽一人使用书空卡练习书写，他在同学们眼中显得有些"特殊"，小泽也因此开始排斥使用书空卡。

图 6.7 学生课上使用简易书空卡

（二）使用中期学生表现及效果

使用中期，老师对书空卡做了改进。

1. 重新设计书空卡

为了解决书空卡易磨损、易丢失的问题，老师改进了书空卡的原材料。老师使用硬纸板作为书空卡的原材料，将硬纸卡裁剪成边长 20 厘米的正方形，用黑色签字笔在硬纸卡上画出田字格线。另外，为防止书空卡的磨损，老师还在书空卡的外面包了一层透明塑料书皮。这样既方便使用，也能够更好地保存。为了更好地帮助小泽规范书写，老师还在田字格上设计了九个定位点。学生在练习书写的时候要知道起笔、落笔的位置，九个定位点能更好地帮助学生找到相对准确的位置。设计书空卡时还应注重简洁，因为 ADHD 学生集中注意力的时间较短，容易走神，版面整洁、没有过多装饰物的书空卡可以减少学生分神的次数。

图6.8　学生使用改进后的书空卡

2. 在班内成立学习团体

老师召开班会，促进全班同学了解注意缺陷多动障碍和辅具。从此，班级里少了许多"异样"的眼光，多了理解与宽容，有更多的同学愿意帮助小泽，争相成为他的助学伙伴。同时，老师对整个班级的学生情况进行分析，允许所有有需要的学生使用书空卡。这样既能消除小泽心理上的障碍，也能让学生们形成互助团体，互相学习、监督。语文课上，有需要的学生们会提前准备好书空卡，老师在讲台上讲授生字的时候，他们会在书空卡上反复练习。

3. 增加使用频率

要想让一个辅具发挥更好的效果，老师首先要增加其使用频率。老师不仅要求小泽课上使用书空卡学习生字，而且要求他课下使用书空卡练习书写学过的汉字。老师要求小泽的助学伙伴在课上和课下都要提醒小泽。老师还会在听写测试之前让小泽借助书空卡复习学过的汉字。由于障碍原因，小泽不愿意动手写字，写字多了会觉得累，书空卡很好地解决了这个问题，让小泽不费力地练习书写。老师采取的这些举措增加了书空卡的使用频率，让学生在练习笔顺、熟悉汉字的间架结构的同时，加深了对汉字的整体记忆。

4.动静结合，效果更佳

针对小泽注意力难以集中，维持时间较短的情况，老师决定在上课的时候采用动静结合的方式教学。当小泽的注意力不够集中时，老师会让他带着书空卡到讲台上为同学们演示书写过程，或者让他带领同学们一起练习书写笔顺。这样的方式能够让小泽在"动"的过程中更好地"静下来"，集中注意力，提高学习效率。

5.寻求家校合作

家长十分关心小泽的情况，也认可老师的做法，非常配合和支持学校的工作，积极参与学生的评估和干预工作，并能按照给出的建议认真执行并及时反馈。因此，老师与家长沟通，为家长讲解书空卡的使用方法，让小泽在家也能利用书空卡复习语文课上学习的汉字，提高书写的正确率。

经过一系列调整，小泽使用书空卡的频率增加了，书写情况有了明显的改善。在测试中，对于笔顺类题目，小泽作答的正确率能够达到100%，对于看拼音写字类题目，小泽作答的正确率能够达到90%。整体看来，小泽取得了很大的进步。

（三）使用末期学生表现及效果

在使用末期，小泽能够自觉使用书空卡，而且能认识到书空卡给自己带来的好处。在老师眼中，他由"课堂破坏者""眼中钉"，变成了"参与者""示范者"。他在演示过程中，能够讲清楚每一个字的笔顺和重点笔画,获得了同学们一次又一次的掌声。在一次次的鼓励中,小泽逐渐有了自信心。以前,小泽很讨厌写字,觉得写字很累,他更喜欢用语言表达。书空卡的使用,让他不再那么反感写字,对学习汉字产生了兴趣。一遍又一遍地书空练习,不但加深了他对字形的记忆,还提高了他的观察能力和思维能力。他的学习成绩也变得越来越好。

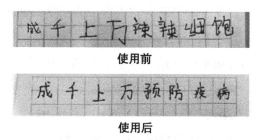

使用前

使用后

图6.9 学生使用书空卡前后的书写情况对比

使用辅具的目的是帮助学生提升自身的学习能力。因此,老师应针对学生的使用情况随时调整辅具,在训练过程中,如果学生习得了技能,老师就要考虑慢慢撤除辅具。

五、反思及建议

(一)促进学生接纳辅具

使用者可能因辅具让自己显得"特殊",对辅具产生抵触情绪,不愿意使用辅具。对此,老师应该从特殊需要学生的心理入手,消除学生的芥蒂。如老师可以召开班会,让所有学生了解和接纳辅具,这样就能减少其他学生对使用者的注意,消除使用者的"不自在感"。另外,老师还可以根据班内学生的情况,让其他有需要的学生也使用同样的辅具，在班内组建学习团体，让使用者感觉不到自己是特殊的。

（二）充分挖掘辅具的多方面价值

汉字书写辅助书空卡能够有效地改善学生的书写情况。通过对比学生使用前后的书写情况，老师发现学生在汉字笔顺、间架结构的学习上有明显的进步。通过检查听写情况，老师发现学生书写的正确率有很大的提高，对字形的记忆更加深刻，同时养成了较好的书写习惯。

（三）辅具要有实用性

辅具开发是一项专业性很强的工作，不仅对老师在教育学、心理学和学科教学方面有很高的要求，而且涉及理念设计、材料选择、购买制作等复杂的过程。老师们在开发辅具的时候不要事事贪大求洋，一味追求精美华丽，而是要求真务实。老师们在工作中的小发明、小创造、小设计往往能够起到大作用。有些辅具看似制作简单、价格低廉，但是有较强的针对性和实用性，而且使用效果也很好，这就是好的辅具。

随着融合教育的不断发展，我们始终坚信"陪伴比驱赶重要，教导比制止重要，理解比指责重要"。让我们共同努力，促进学生更好地成长。

第七章　日程和时间管理类辅具

特殊需要儿童受限于认知、执行功能等方面的障碍，对日程和时间的认知和管理较差。这严重影响了他们遵循和适应学校的一日常规，进而限制了他们在学业、人际交往等方面的发展。在日程和时间管理方面，视觉策略可以为学生提供有效的帮助。

视觉策略是一种利用视觉信息（如文字、图像、照片等）促进儿童提升认知、沟通及自我管理等方面的能力的教学方法。老师在帮助学生提高日程和时间管理能力时，常常利用视觉策略开发并设计辅具，如任务单、程序图、规则提示卡、选择板等。

下面就以两个案例具体阐述日程和时间管理类辅具在实际教学中的应用。他们分别是北京师范大学三帆中学朝阳学校的胡可老师、吴曼曼老师设计的融合环境任务单和北京市朝阳区安华学校的王晓甜老师设计的自我管理记录器。

案例 14　融合环境任务单

一、特殊需要学生基本情况

（一）基本表现

小萱，女，6 岁，有轻度孤独症，就读于融合教育学校。

小萱的智商得分为92分，智力水平处于正常范围。小萱在感觉方面存在前庭功能失调的问题，在课堂上小动作较多，注意力较差。但是，小萱的记忆力较好，尤其是对文字、数字等方面的信息的记忆。小萱的学习动机不足，对课堂活动没有丝毫兴趣，她会在老师的鼓励下偶尔参与课堂活动，但她在活动中的表现显得十分被动。课上，她经常做出与老师的要求相违背的行为。在完成课堂任务时，小萱需要主课老师和陪读老师不断提示，才能坚持完成任务。

小萱在学校很少主动表达，她的表达内容大多是提出需求。在提需求时，她基本能够做到用词准确、语意明白、口齿清楚。在书面表达方面，小萱能够做到条理清晰、语言规范。

小萱在和同学及大部分老师互动时，缺少眼神注视，不能用语言或表情做出回应，无法和他人分享喜悦和兴趣，缺乏主动发起互动的行为，对同伴缺少关注，不愿参加团体活动。小萱的语言沟通能力不佳，从不在公开场合讲话。

（二）亟须解决的问题

小萱初入小学时完全不能适应学校生活。课上，小萱会随意离座走动，经常自己走到讲台边看书或和老师说话。有时候，她甚至完全不进教室，在楼道图书角自己看书。体育课上，小萱不听从老师的任何指令，不参与任何课堂活动，经常站在一旁观望或者在操场上随意溜达。小萱在课间操、升旗等集体活动中，也不跟随班级队列，自己在操场上到处狂奔。她最喜欢去学校水池边看金鱼。小萱表现出来的无所事事往往出现在课间或者课堂中学习任务转换期间。小萱在理解和遵守学校规则与日程安排方面存在困难，缺乏自我管理能力，难以独立完成任务。

二、辅具的设计

（一）辅具照片

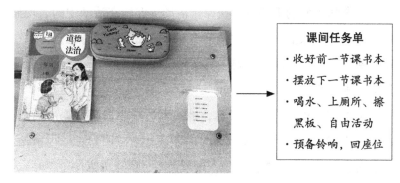

图7.1　任务单

（二）辅具用途

任务单的设计与使用既能够发挥孤独症学生的视觉优势，也可以帮助融合教育环境中的孤独症学生明确学校常规以及课堂要求，为他们建立规程，减少不确定感和焦虑感。任务单可以助力孤独症学生学习如何完成任务，从而提升自我管理能力。

（三）操作方法

1.观察、评估孤独症学生的课堂行为，确定干预重点，明确任务单需要呈现的活动。

2.根据学生认知水平及优势确定任务单的呈现方式，如图片、文字等。

3.根据学生认知水平确定任务单的内容详略，例如，对于早间任务，有的学生可能仅需要提醒摆好文具、放下书包、坐回座位；有的学生可能需要提醒文具要摆放在什么位置，如何摆好书包，如何在座位上坐好。

4. 根据学生认知水平决定是否设计完成标记。如学生可以拿记号笔在清单上已经完成的任务项目旁画"√"。

5. 确定合适的位置，粘贴任务单。

6. 教导学生使用任务单。

7. 观察记录学生使用任务单的情况，确定是否需要调整。如果使用任务单后，学生依然无法完成相应的活动，则需要在此基础上继续优化任务单的呈现内容，如果学生可以熟练使用任务单并能够完成任务，可以适当简化任务单。

8. 及时强化学生使用任务单的行为。

（四）创新点

在理念方面，任务单是基于孤独症学生的优势设计的，不单从孤独症学生表现出的障碍出发，任务单为孤独症学生提供了脚手架式支持，帮助孤独症学生适应融合教育环境。

在实践方面，任务单的制作有法可循，操作方法简便易行，便于老师使用，也便于在融合教育环境中实施。任务单可以应用在融合教育学校的多个场景中，如班级合唱比赛等。该方法也适用于帮助所有一年级新生度过入学适应期。

三、辅具的制作

（一）制作材料

A4 纸、塑封工具、胶带。

（二）制作步骤

1. 老师根据对学生的观察与评估，结合学校一日常规，确定小萱的任务单内容为：早间任务、课堂任务、课间任务、午间任务、放学任务。

2. 学生的阅读理解能力较好，所以任务单以文字形式呈现。

3. 老师与家长共同细化任务单内容，让学生明确知道在相应时间段需要做什么，怎么做，怎样算完成。如早间任务包括：①鞠躬向老师问好，快速走到自己的座位。②把午餐袋挂在课桌边，拿出各学科的文件袋放入桌斗，将当天早读文件袋放在桌面上。③把水杯、书包放置在合适的位置。④挂衣服。⑤准备早读用品，在座位上坐好。

4. 将细化的任务单打印出来，并粘贴在相应位置。如课间任务粘贴在课桌上，学科任务粘贴在对应学科的文件袋上。

四、使用过程及效果

（一）使用初期学生表现及效果

小萱入学第一天就在学校出了名。"小萱又随意下座位……""快去把小萱带回来吧！她趴在水池旁边呢！"

通过家访，老师们了解了小萱的具体情况。所有老师都希望能够通过有效的支持帮助小萱参与班级活动与课堂教学，使其在融合教育学校中取得进步。

家访后，学校第一时间邀请了朝阳区特殊教育中心的李老师入校指导。李老师指导小萱的科任老师们使用 ABC 记录表观察记录小萱的课堂干扰行为。通过观察、记录，老师发现小萱的课堂干扰行为多数发生在学习任务转换时，如语文课上老师讲完生字，让学生们在书本上安静书写时，小萱会突然离座走到讲台上和老师交谈，但是谈话内容与语文课堂教学并不相关。或者课间结束后，小萱无法在铃声提示下回到座位，而是一直坐在图书角看书。综合来看，小萱无法顺利完成转换任务，比较固执，缺乏灵活性，不知道下一个任务如何开展，这导致小萱出现系列扰乱课堂的行为。基于此，老师为小萱制订一日任务清单，具体见下表。

表7.1　一日任务清单

节数	时间	科目	任务	是否达标
早读	07:40–07:50	数学	·向老师问好，放下书包，拿出数学文件袋，坐在自己的座位上 ·用正确的姿势读书，不站立，不走动 ·下课铃响后，老师说下课，才可以走动	
第1节	08:00–08:40	数学	·铃声响起，回到座位 ·以正确的姿势听老师讲课，不站立，不走动 ·听从老师的指令 ·下课铃响后，老师说下课才可以走动 ·为下一节课做准备，拿出下一节课要用的文件袋	

节数	时间	科目	任务	是否达标
第 2 节	08:50–09:30	语文	·铃声响起，回到座位 ·以正确的姿势听老师讲课，不站立，不走动 ·听从老师的指令 ·下课铃响后，老师说下课，才可以走动 ·为下一节课做准备，拿出下一节课要用的文件袋	
课间操	09:40–10:10	课间操	·在班级门口按要求排队 ·听从老师的指令，不离队	
眼保健操	10:15–10:20	眼保健操	坐在自己的座位上，不走动，跟着视频做眼保健操	
第 3 节	10:20–11:00	数学	·铃声响起，回到座位 ·以正确的姿势听老师讲课，不站立，不走动 ·听从老师的指令 ·下课铃响后，老师说下课，才可以走动 ·为下一节课做准备，拿出下一节课要用的文件袋	
第 4 节	11:10–11:50	语文	·铃声响起，回到座位 ·以正确的姿势听老师讲课，不站立，不走动 ·听从老师的指令 ·下课铃响后，老师说下课，才可以走动 ·为下一节课做准备，拿出下一节课要用的文件袋	

节数	时间	科目	任务	是否达标
午餐	12:40–12:50	午餐	·铺餐垫，摆放餐具，拿出午餐袋 ·认真吃饭 ·倒掉残余，收拾餐具，打扫桌面	
午休	12:50–13:30	午休	·喝水，如厕 ·在座位上休息 ·保持安静	
第6节	13:40–14:20	体育	·在队列里听老师指令做动作。	
眼保健操	14:30–14:35	眼保健操	坐在自己的座位上，不走动，跟着视频做眼保健操	
第7节	14:35–15:15	阅读	·铃声响起，回到座位 ·拿出阅读材料，不站立，不走动，安静阅读 ·下课铃响后，老师说下课，才可以走动 ·为放学做准备	

老师设计完一日任务清单后，将其打印、塑封，并粘贴在小萱的课桌上。然后，老师开始教小萱如何使用任务清单，并在早读、课间操、午休等活动转换时间，再次提醒小萱查看一日任务清单，在已经完成的任务项目旁画"√"。通过一周的训练干预，小萱了解了使用一日任务清单的流程，但有时还需在老师的提醒下才能查看并标记任务，课堂干扰行为依旧没有得到明显改善。

（二）使用中期学生表现及效果

老师开始反思小萱的一日任务清单使用情况。基于对小萱的观察评估，老师认为任务单无疑是适合小萱的。但是老师忽略了小萱是否真的理解任务单上的描述。任务单是为小萱服务的，所以任务单的内容描述与呈现方式都应该符合小萱的认知水平。于是，老师对一日任务清单进行完善与改进。

老师和小萱的妈妈再次讨论了小萱的一日任务清单，修改、完善一日任务清单的相关内容和呈现方式。首先，第一版一日任务清单中对各学科的课堂任务描述基本一致，没有突出学科的具体特点，如数学和语文这两个学科的课堂任务都是"以正确的姿势听老师讲课，不站立，不走动；听从老师的指令"。老师针对此问题，进行了补充完善。就语文学科而言，将课堂任务改为：①课前准备语文书、铅笔、橡皮、生字本。②上课铃响后，起立向老师问好。③问好后，听从老师的指令迅速坐好。④跟随老师的口头指令看黑板或语文书。⑤翻书时速度快、声音轻。⑥跟着老师一起朗读，读出声音。⑦写字时身体坐正，眼睛离书本一尺、胸离桌子一拳、手离笔尖一寸。⑧想要起立、回答问题或找老师说话时，要先举手。就这样，老师结合各学科特点，以及小萱在课堂上经常出现的干扰行为，详细描述了每个学科的具体课堂任务。其次，第一版任务单的描述中多次出现"认真听课"等不明确、不具体的表述。小萱无法理解"认真听课"到底是什么意思。于是，老师在描述任务时，采用了更清晰、具体的词句。

最后，老师通过和小萱沟通，得知她经常不记得查看任务清单是因为觉得一日任务清单上的字太多、太密，看起来不方便。

于是，老师将一日任务清单拆分为多个部分，把每节课或每个活动的任务单单独贴在便于查看的位置，如将数学课的任务单贴在数学文件袋上。

老师将任务单优化后，还需要了解学生是否有能力完成相关任务，并针对小萱不能完成的任务开展一对一教学。例如，小萱在放书包的过程中，总是将书柜中的物品散落一地。针对这一问题，老师对小萱的书柜进行了结构化布局，设置了书包放置区、餐包放置区、画笔和跳绳收纳区。这样，小萱放置书包时就不会手忙脚乱了。

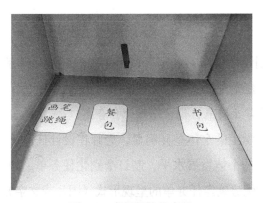

图 7.2　书柜结构化布局

老师对小萱完成各项任务的情况进行了观察记录，使用代币制鼓励小萱完成任务。老师将小萱最喜欢的小恐龙贴纸作为代币，只要小萱完成了任务，便可以得到一个小恐龙贴纸。在这样的鼓励下，小萱越来越愿意查看任务单，并依据任务单完成任务。

（三）使用末期学生表现及效果

小萱通过使用任务单获得了很多成长。每当小萱完成一项小任务，就会拥有成功的快乐与喜悦。这促使她更加愿意按照任务单完成任务。

一学期下来，小萱上课离座的行为越来越少了，偶尔还会主动举手回答问题。渐渐地，在小组合作中，小萱也能回应同学们了。老师为小萱的进步感到骄傲，同时根据小萱的认知水平不断调整任务单，现在小萱的任务单越来越简洁了，小萱在参与学校各项活动时也越来越独立了。

从始至终，老师都尊重小萱的学习风格和特点，为她提供相应的支持。小萱在成长，老师也在成长……

五、反思及建议

通过创设任务单，老师可以帮助孤独症学生理解教学环境，这是为孤独症学生提供融合教育的第一步。

1. 尊重学生特点，设计个性化任务单

孤独症学生的个体差异明显，老师在设计任务单时应该关注孤独症学生的个体发展水平，制订个别化任务单，如根据学生的认知水平与优势确定任务单的呈现形式（图片或文字）。

2. 重视观察、记录，及时调整任务单

任务单的设计和使用是一个长期过程。因此在使用任务单的过程中，老师应该注意观察、记录学生的行为表现，从而调整优化任务单的内容。使用任务单前，老师需要观察并确定学生是否真的理解教学任务，学生是否真的能够完成教学任务。使用任务单的过程中，如果学生已经能够独立完成教学任务，老师就可以适当简化任务单。但是，如果学生始终无法完成某项学习任务或

者完成的效果不理想，老师可以尝试为该任务制作一个单独的活动流程表。活动流程表主要向学生展示一个任务的各个步骤及其操作方法。

3. 鼓励家校共育，拓展使用场景

在使用任务单的过程中，老师需要积极发动家长的力量，保持家校理念一致。老师还要给予家长支持与帮助，鼓励家长在家庭中，运用任务单帮助儿童完成生活中的小任务，拓展任务单的使用场景。小萱的妈妈十分配合老师的工作，不仅在家庭中模拟学校吃饭、上课的情境，让小萱练习使用任务单，还针对家庭中的活动制作任务单，如小萱妈妈将餐后使用湿巾的过程细化为：①抽出湿巾，擦嘴、擦手。②对折湿巾，用湿巾擦桌子。③再次对折湿巾，用湿巾擦脚下地面。

4. 及时强化，使用多种辅具

使用任务单后，老师应该及时给予学生强化，可以通过代币制强化学生使用任务单。

任务单多用于帮助孤独症学生适应和执行常规、改善行为问题。任务单可以单独使用，也可以结合其他干预方法或辅具。如果学生亟须改变的问题行为较多，老师应该基于科学的评估，为学生选择或设计更多适合的辅具。

通过使用任务单，老师深刻感受到了为孤独症学生提供适合的辅具能够帮助他们适应融合教育环境。学生也能够清楚地了解学校生活的具体要求，渐渐适应学校生活，少些焦虑、不安，获得安全感，从而充分发挥自己的优势与特长。

案例 15 自我管理记录器

一、特殊需要学生基本情况

（一）基本表现

小楠，女，16岁，智力障碍四级，就读于特殊教育学校职高部。

小楠在学前教育阶段与义务教育阶段均就读于普通幼儿园和普通教育学校。小楠有基础的阅读理解能力和书写能力，能认读并书写生活中和课本中常见的字、词、句，有一定的看图说话能力，但表达缺乏逻辑。在数学能力方面，小楠能进行 20 以内的加减法口算，背诵和使用乘法表，进行 100 以内的加减乘除竖式运算，并能将这些能力运用在日常生活和学习中。小楠有较强的学习动机，在班级内担任班长，能够较好地履行班长的职责，带领同学们共同完成任务。但是小楠在安排活动和时间规划方面的经验不足，会出现没有做好课前准备和不能完成作业的情况。在日常交流中，小楠的语言表达能力较好，能较为准确地描述事件、转述他人的话，能使用纸笔和图文编辑软件记录学习与生活情况。

在社交情绪方面，小楠乐于与他人沟通交往，在班级中担任班长一职，协助老师管理班级日常事务，并为其他同学做出榜样。小楠与同伴、老师的关系良好，十分信任老师。在老师的询问下，她愿意和老师分享生活中的不愉快，听从并执行老师的建议。

（二）亟须解决的问题

小楠的语言理解和表达能力较好，在班级内她除了会就学习任务或常规活动与同学沟通，还会和与自己能力相当、兴趣爱好一致的同龄女生发展友谊关系。但是，班级中的另外 2 名女同学无法满足她的社交需求。与此同时，隔壁班有位女同学则非常符合她的择友倾向。两人的友谊在日常接触中逐渐发展。课间，小楠会和这位女生在卫生间、打水处、大厅、楼道等地点聊天。这导致小楠常常无法按时回到座位，也就无法完成课前喊"起立"口令的任务，影响整个班级的常规秩序。这样的情况不利于小楠的学习，更不利于小楠树立正确的价值观。因此，老师需要帮助小楠提升时间管理意识和能力，从而解决这一问题。

二、辅具的设计

（一）辅具照片

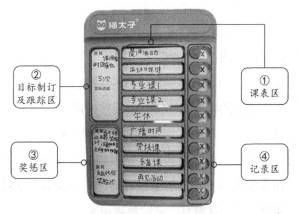

图 7.3　自我管理记录器

（二）辅具用途

自我管理是指个体应用一定的策略达到改变行为的目的。一个行为改变计划可以由自己或他人构思、设计，自己执行改变计划就算是自我管理。因此，自我管理策略是一种教学方式，用来帮助学生改变或维持自身的行为。老师可以通过控制行为的前提和后果等方法培养学生的自我管理能力。

因为小楠能辨认钟表上的时间且日常会佩戴手表，所以老师希望通过培养小楠关注时间的习惯，提高她的自我管理能力，从而解决其课间结束后不能及时返回教室的问题。为此，老师设计了自我管理系统，其中涵盖了自我监控、自我记录、自我评价、自我强化四个部分。自我管理记录器就是用来帮助学生进行自我记录和自我评价的，可以督促学生按时回到座位。

（三）操作方法

1. 在自我管理记录器上制订每日计划

每天早上到校后，老师和学生共同决定今日目标和奖惩内容。学生在自我管理记录器的"课表区"写上今日课表，如晨间活动、运动与保健、专业课1、专业课2、午休、广播时间、劳技课、乐高课、再见活动。学生在左侧的"目标制订及跟踪区"写上今日目标，即获得奖励的标准：课间结束后按时回到座位 × 次。学生在左侧的"奖惩区"写明奖惩规则，即达成目标后可获得的奖励（获得笑脸 × 个，获得修改共享文档权限）及未达成目标会受到的惩罚（扣除笑脸 × 个）。学生在右侧的"记录区"将按钮统一归位，即推到左侧，让符号"×"显露出来。

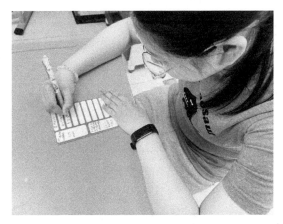

图 7.4　学生制订每日计划

2. 在自我管理记录器上记录自己的行为

学生在每个课间结束后，记录自己的行为，即如果按时回到座位，在"记录区"将对应的按键推到右侧，使符号"√"显露出来；如果未能按时回到座位，则保持按键不动。

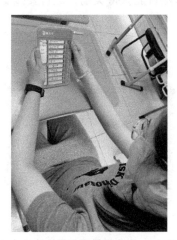

图 7.5　学生记录行为

图 7.6　学生的一日记录

3. 根据记录评价自己是否达到预订标准

在当天的最后一节课上，学生在左侧的"目标制订及跟踪区"记录自己的目标达成情况：课间结束后按时回到座位 × 次，并对照目标，判断自己是否能获得奖励，是否要接受惩罚。

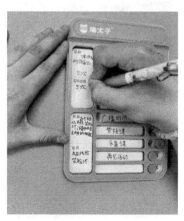

图 7.7　学生记录当日目标达成情况

4. 进行自我奖励或接受惩罚

学生在班级行为管理表上记录当日目标行为达成情况。如果学生达成目标，在对应方格中贴笑脸；如果学生未达成目标，在对应方格中扣除笑脸。

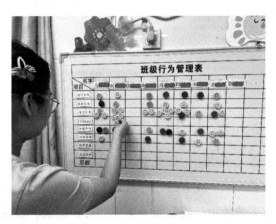

图 7.8　学生进行自我评价

（四）创新点

自我管理记录器由购物平台上常见的自律打卡器改造而成。相较于纸质记录表，自我管理记录器不易磨损，不易丢失，可立、可躺、可挂。学生可将其立放在桌面上，既不占过多空间，又醒目，方便学生回到座位后及时记录。

图 7.9　自我管理记录器立放在桌面

　　自我管理记录器能与班级中现有的行为管理方式相结合。老师有效结合了班级中现有的行为管理方式，避免了给其他老师或学生带来过多的负担，还发展了学生的自我记录、自我评价、自我强化能力。这一做法不仅解决了学生不能按时回到座位的问题，提升了学生的时间管理能力，而且让学生学会了自我管理的基本策略，促进学生实现更多目标。

三、辅具制作

　　在购物平台上搜索"自律打卡器""自律计划表"或"任务管理器"，在搜索结果中，选择分区明确、可循环使用、便于收纳的产品并购买，然后根据学生需要，对各个分区进行个性化设计。

四、使用过程及效果

　　老师利用代币制管理学生的行为：（1）列出学生现阶段正在改

正的不良行为（如每天下公交车踢妈妈一脚）或正在学习的良好行为（如独立上下学）。（2）如果学生达成行为目标，则可获得一定数量的笑脸（即代币）。（3）如果学生有不适宜的行为表现，则扣除一定数量的笑脸。（4）学生使用手机在共享文档中自主记录每日的统计数据，老师将共享文档中的周排名一栏设置为自动更新。为了防止学生故意修改记录或误操作，老师每天要在学生记录完成后，设置第二天可填写的区域。（5）每周五，老师给笑脸数量排名前三的学生颁发奖励（提前调查学生的喜好并准备）。（6）每两周进行一次兑换奖品活动。

小楠十分在乎自己的笑脸数量。因此，老师将按时回到座位作为小楠的行为目标。

（一）使用初期学生表现及效果

在正式使用辅具前，老师借助提前准备好的视频，引导小楠认识到自己需要改变这一行为。然后，老师与小楠签订行为契约。最后，老师教导小楠如何使用该辅具（详见前文）。

小楠非常喜欢这个自我管理记录器，每天都会将其立放在桌面，并及时、准确地记录自己是否按时回到座位。小楠不按时返回座位的行为立即得到了改善，但仍会出现。

（二）使用中期学生表现及效果

考虑到小楠没有持续表现出目标行为可能是因为强化不足，老师根据小楠喜欢获得特权的特点，承诺如果小楠能够达到预订标准，就可获得修改共享文档的特权。

（三）使用末期学生表现及效果

在双重强化机制下，小楠按时回到座位的行为很快趋于稳定。

後來内容:

后来，老师与小楠协商，撤除辅具。不过，老师仍然保留了小楠修改共享文档的特权，因为这也能提升班级管理效率。

在撤除辅具后，老师对小楠按时回到座位的行为进行了持续跟踪记录，发现该行为维持情况良好。小楠彻底解决了不能按时回到座位的问题，并养成了良好的自我管理习惯。

六、反思及建议

（一）反思

在设计辅具的过程中，老师要根据学生表现出的问题、学生的个性化特点及环境特点进行设计。如果老师能将辅具与现行的行为管理方式相结合使用，可以取得更好的效果。

本辅具的使用效果体现了自我管理策略的作用。在已有的相关研究中，众多研究者运用自我管理策略提升各类特殊需要学生的注意力水平、学业成绩、生活技能、社交技能等。同时，自我管理策略也可用于改善特殊需要学生的各类问题行为。在实际教学工作中，老师可以广泛地运用自我管理策略。

（二）建议

虽然自我管理策略的有效性已经得到了证实，但作为一种需要学生遵从规则并进行自我控制的策略，它并不适用于所有特殊需要学生。自我管理策略要求学生能够正确地理解并操作自我管理程序。因此，自我管理策略仅适用于有一定认知能力、成就动机高、主动性较强的学生。

在设计自我管理系统时，老师还需要注意以下几点。

（1）进行功能性行为评估，了解问题行为的功能。

（2）进行偏好物评估，了解适合学生的强化物。

（3）正式实施前进行必要的教学，确保学生理解如何使用自我管理记录器。

（5）如果需要，用计时器、口头提示等提醒学生进行记录。

（6）定期检查学生的自我记录数据，特别是在刚开始时，以确保学生准确记录。

（7）当学生能持续完成目标时，应该逐渐撤除自我管理系统。

图书在版编目（ＣＩＰ）数据

学校环境下特殊需要学生辅具的设计与应用 / 李怀东，李文荣编著． -- 北京 : 华夏出版社有限公司，2025. -- ISBN 978-7-5222-0739-1

Ⅰ．G764

中国国家版本馆 CIP 数据核字第 2024GS0004 号

学校环境下特殊需要学生辅具的设计与应用

编 著 者	李怀东　李文荣	
责任编辑	许　婷　李傲男	
出版发行	华夏出版社有限公司	
经　　销	新华书店	
印　　装	北京捷迅佳彩印刷有限公司	
版　　次	2025 年 2 月北京第 1 版	
	2025 年 2 月北京第 1 次印刷	
开　　本	880×1230　　1/32 开	
印　　张	6.5	
字　　数	130 千字	
定　　价	49.00 元	

华夏出版社有限公司　　地址：北京市东直门外香河园北里 4 号

邮编：100028 网址：www.hxph.com.cn

电话：（010）64663331（转）

若发现本版图书有印装质量问题，请与我社营销中心联系调换。